안네 스베르드루프-튀게손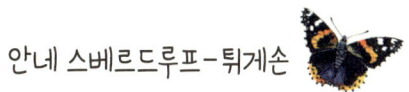

이토록 멋진 곤충

니나 마리 앤더슨 그림
조은영 옮김 | 최재천 감수

단추

◆ 차례 ◆

들어가며 세상에서 가장 작고 사랑스러운 내 친구들을 소개할게요!   5

곤충은 어떤 동물인가요?

다리 여섯 개, 날개 네 개, 더듬이 두 개   10
곤충은 허파 대신 숨관으로 숨을 쉬어요   12
알에서 성체까지 곤충의 한살이   14
발바닥에 달린 혀, 무릎에 달린 귀   16
여치는 치릿치릿, 모기는 앵앵, 매미는 맴맴   18
여러 개의 눈으로 보고 더듬이로 냄새 맡기   20
곤충은 겨울에는 어디서 지내나요?   22

물속에 사는 곤충들

입이 없는 하루살이   28
패션 디자이너 날도래 유충   30
꿀을 먹는 모기, 피를 먹는 모기   32
물대포를 쏘는 아기 잠자리   34
물 위를 걷는 소금쟁이   36
물 밑에 눈 두 개, 물 위에 눈 두 개   38
날개도 눈도 없는 벌레가 사는 법   40
물 속에 사는 유일한 거미   42

숲에 사는 곤충들

곤충 낙서꾼 굴나방   48
집나방 유치원   50
파인애플 벌레혹   52
고약한 방귀를 내뿜는 노린재   54
식물의 친구 개미   56
똥 청소부 금풍뎅이   58
숲속 관리인 나무좀   60
침을 뱉는 가라지거품벌레   62

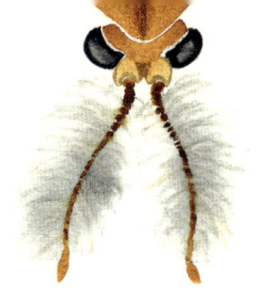

정원에 사는 곤충들

꽃들의 중매인 쏘는 말벌　68
말벌 흉내쟁이 꽃등에　70
곤충 관리인 기생 말벌　72
꿀벌과 호박벌　74
식물 드라큘라 진딧물　76
곤충 동네 설탕 공장장은 개미 공장장　78
암컷이 지배하는 개미 세계　80
붉은제독나비의 여행　82
들판의 등대지기 북방반딧불이　84

집에 사는 벌레들

우주에 간 초파리　90
스파이더맨 파리　92
진딧물 사냥꾼 아기 풀잠자리　94
곰팡이 미식가 양좀　96
길잡이 바퀴벌레　98
새끼를 돌보는 집게벌레　100
건축가 집가게거미　102

세계의 곤충

독 대포를 쏘는 딱정벌레　108
좀비 딱정벌레　110
애벌레 퍼레이드　112
불을 밝히는 반딧불이　114
머리에 문이 달린 개미, 몸에 꿀단지를 달고 있는 개미　116

나가며　세상에 나쁜 곤충은 없어요　118
부록　우리 주변에서 흔히 볼 수 있는 곤충들　121

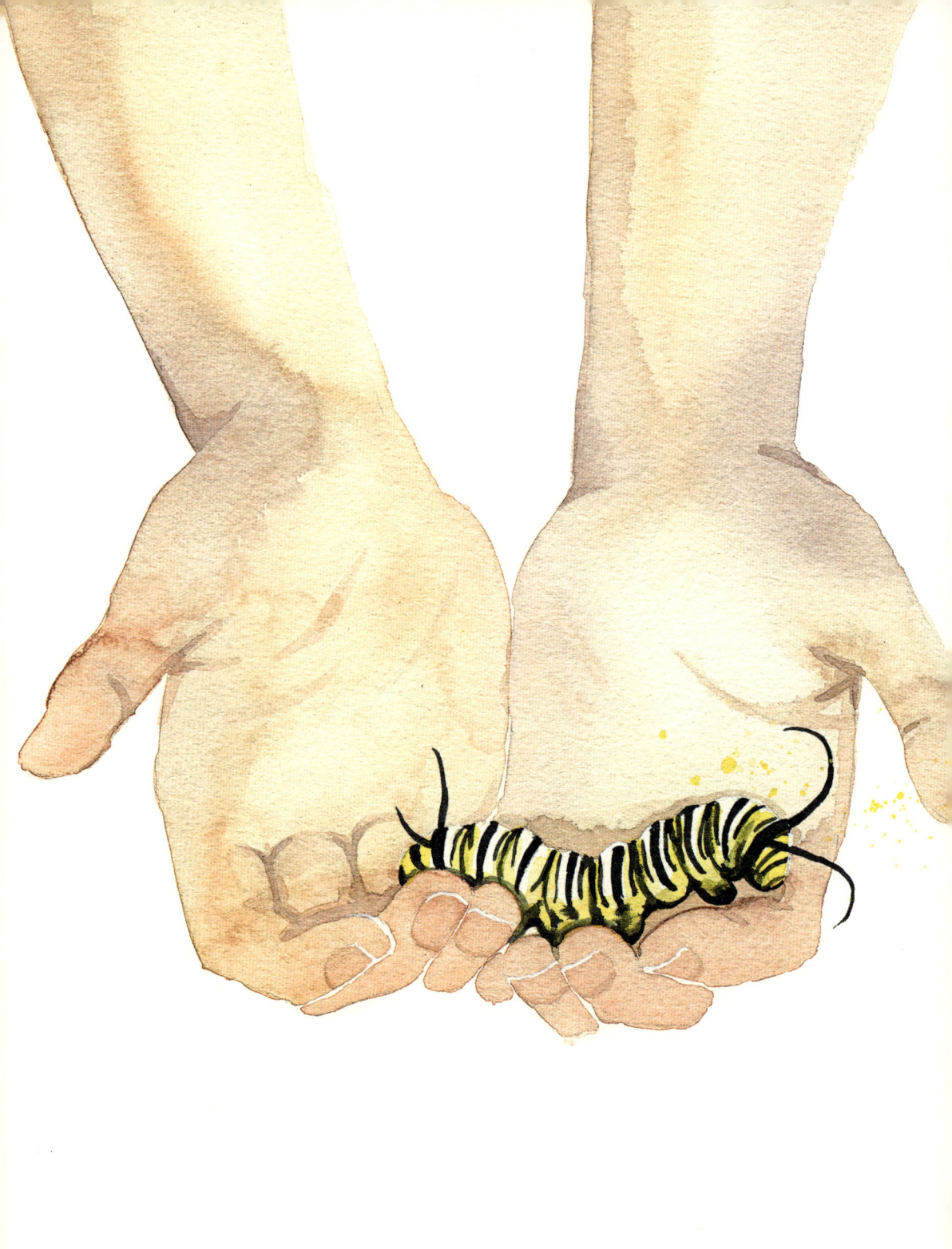

들어가며
세상에서 가장 작고 사랑스러운 내 친구들을 소개할게요!

곤충이나 벌레를 보면 멋지다는 생각이 드나요, 아니면 징그럽고 싫은가요? 곤충은 우리 주변 어디에나 있어요. 참 고마운 일이지요. 좀 성가실 때도 있지만, 곤충은 아주 쓸모가 많은 동물이거든요.

저는 곤충을 연구하는 사람이에요. 딱정벌레, 파리, 말벌, 그 밖의 작은 벌레들을 아주 좋아해요. 자신 있게 말하지만 우리는 벌레들의 도움 없이는 살 수 없어요. 곤충과 벌레는 죽은 동물과 식물로 흙을 만들고, 식물이 씨앗을 퍼트리는 걸 돕고, 수많은 새와 물고기와 박쥐의 먹이가 되거든요. 곤충은 동물과 식물에게 꼭 필요할 뿐더러 사람에게도 몹시 소중해요.

이 책에서 저는 우리 가까이 사는 곤충에 관해 이야기하려고 해요. 호수나 개울, 산과 숲, 여러분의 집과 뒤뜰에 사는 녀석들 말이에요.

이 책에서는 물속에서 스노클을 이용해 숨 쉬는 모기 유충, 진딧물을 사육해 달콤한 감로를 얻는 개미가 나와요. 또 이 책을 읽으면 파리가 어떻게 천장을 거꾸로 걸어 다니는지, 왜 모기가 물면 가려운지, 또 맨 처음 우주에 간 동물은 누구인지 알게 될 거예요. 참, 거미는 곤충이 아니지만 이 책에서는 거미도 깜짝 등장한답니다. 그리고 제가 세상에서 가장 신기하게 생각하는 벌레들에 대해서도 말해 줄게요. 무당벌레를 좀비로 만드는 말벌이나 죽음의 방귀를 뀌는 애벌레, 번쩍번쩍 빛나는 반딧불이와 엉덩이에서 독이 든 대포를 발사하는 폭탄 벌레가 바로 그 주인공이죠.

하지만 무엇보다 저는 여러분에게 곤충에 대해 알려 주고 싶어요. 곤충이 어떻게 앞을 보고 소리를 듣고 냄새를 맡는지, 그리고 추운 겨울에는 어디에 숨어 있는지도 말이에요. 그럼 모두 기대하세요!

곤충은
어떤 동물인가요?

곤충은 우리와 하나도 닮지 않았어요. 몸에 다리 여섯 개, 날개 네 개, 더듬이 두 개가 달려 있지요. 그리고 사람과는 비교도 할 수 없을 만큼 작아요. 다른 곤충의 알 속에 숨어 사는 녀석이 있을 정도니까요. 하지만 살아가는 데 필요한 것들은 다 갖고 있어요. 곤충들도 돌아다니고 숨을 쉬고, 먹고, 싸고, 새끼도 낳아요. 사람과는 방법이 조금 다를 뿐이랍니다.

다리 여섯 개, 날개 네 개, 더듬이 두 개

사람과 곤충의 가장 큰 차이점은 바로 뼈대예요. 뼈대는 우리 몸에서 아주 중요한 일을 해요. 몸을 받쳐 주는 뼈나 연골, 척추가 없으면 우리는 땅바닥에 늘어진 근육 덩어리가 되고 말 테니까요. 하지만 곤충의 몸속에는 뼈나 척추가 없어요. 그래서 곤충을 무척추동물이라고 불러요. 그렇다고 뼈대가 아예 없는 건 아니에요. 곤충은 몸 바깥에 뼈대를 갖고 있어요. 갑옷처럼 생긴 단단한 껍데기가 바로 곤충의 뼈대랍니다.

  곤충은 생김새가 각양각색이지만, 몇 가지 공통점이 있어요. 사람의 몸은 몸통을 중심으로 위에는 머리가, 양쪽 위아래로 팔다리가 있지만, 곤충의 몸은 크게 머리, 가슴, 배 이렇게 세 부분으로 나뉘어요. 그리고 각각 특별한 임무를 맡고 있죠.

  머리에는 입이 달려 있어 먹는 일을 도맡아 해요. 곤충도 사람처럼 머리에 눈과 코가 있지만, 곤충의 코는 사람의 코와 하나도 닮지 않았어요. 머리에 달린 두 개의 더듬이가 바로 곤충의 코랍니다.

  몸의 가운데 부분인 가슴은 곤충의 움직임을 담당해요. 곤충은 다리가 여섯 개씩 있는데, 모두 가슴 밑면에 붙어 있어요. 그리고 대부분 등에 네 개의 날개가 달렸어요.

  배는 먹이를 소화하고 똥을 싸고 새끼를 만들고 낳는 일을 해요.

  다음에 거미를 보게 되면 다리가 몇 개인지 세보도록 해요. 그러면 왜 거미가 곤충이 아닌지 확실히 알게 될 테니까요. 곤충은 다리가 여섯 개지만, 거미는 여덟 개거든요. 또 많은 거미가 눈도 여덟 개예요. 이마에 여덟 개의 눈이 조로록 늘어서 있답니다.

남의 집에 알을 낳는 청벌

청벌은 에메랄드 말벌이라고 부를 정도로 아름다운 곤충이에요. 온몸이 온통 빨강, 초록, 파랑으로 반짝거리죠. 하지만 청벌이 사는 모습은 그다지 아름답지 않아요. 어미 청벌은 다른 곤충의 집에 몰래 들어가 알을 낳아요. 알에서 부화한 어린 곤충을 유충이라고 하는데, 청벌의 유충은 그 집의 식량을 모두 뺏어 먹고도 부족해 후식으로 원래 그 집의 주인인 유충까지 먹어 치운답니다.

곤충은 허파 대신
숨관으로 숨을 쉬어요

곤충은 우리처럼 코나 입으로 숨을 쉬지 않아요. 몸속에 허파도 없지요. 대신 옆구리를 따라 숨구멍이 여러 개 있고, 이 구멍 안쪽으로 숨관이 뻗어 들어가요. 숨구멍은 열렸다 닫혔다 하는데, 그때마다 공기가 숨관을 통해 몸속으로 들어가요. 몸 안에서 숨관은 나무가 가지를 치듯 더 작은 관으로 갈라져요. 덕분에 곤충은 살아가는 데 필요한 산소를 몸속 가득 품을 수 있어요.

만약 곤충의 몸집이 여러분만큼 크다면, 몸의 구석구석 산소를 전달하기 위해 아주 많은 숨관이 필요할 거예요. 그러려면 온몸이 숨관으로 꽉 차서 다른 것들은 들어갈 자리가 하나도 남지 않겠죠. 그래서 세상에 그렇게 큰 곤충이 없는 거랍니다.

여러분은 사람의 피가 왜 빨간지 아세요? 피를 타고 다니며 산소를 운반하는 헤모글로빈 때문이에요. 헤모글로빈의 철분이 산소와 만나면 빨간색이 되거든요. 그런데 곤충은 피 대신에 숨관으로 몸 전체에 산소를 직접 전달하기 때문에 헤모글로빈이 필요 없어요. 그래서 곤충의 피는 빨갛지 않아요. 대신 초록색이나 노란색을 띠죠. 직접 보고 싶다면 무더운 여름날 자동차 앞 유리를 확인해 보면 돼요. 차에 부딪힌 곤충들 때문에 온통 연두색 얼룩투성이일 테니까요.

곤충의 몸에는 혈관도 없어요. 곤충의 피는 미트볼 사이로 질척거리는 스파게티 소스처럼 몸속을 돌아다니죠. 하지만 곤충에게도 심장은 있답니다. 길쭉한 소시지 모양의 심장이 펌프질하며 몸속에서 피가 계속 돌아다니게 하죠. 작은 구멍을 통해 심장에 빨려 들어간 피가 머리 앞쪽의 출구로 나와요.

까치만큼 큰 잠자리

지금으로부터 수억 년 전, 공룡이 지구에 나타나기 한참 전 세상에는 지금보다 공기 중에 산소가 훨씬 많았어요. 곤충이 숨을 쉬기가 한결 쉬워서 몸이 아주 크게 자랄 수 있었지요. 그 시절에는 거인 같은 잠자리도 날아다녔어요. 여러분의 팔이 날개라고 생각하고 한껏 밖으로 뻗어 보세요. 그게 이 잠자리들의 크기랍니다.

알에서 성체까지
곤충의 한살이

모든 곤충은 아주 작고 귀여운 알에서 깨어나면서 삶을 시작해요. 다 자란 어른이 될 때까지 어린 곤충은 겉뼈대 안에서 여러 번 모습이 달라져요. 곤충은 인간과는 달리 몸 바깥에 뼈대가 있다는 걸 기억하죠? 몸집이 자라 너무 비좁아지면 겉뼈대가 갈라져 열리고 어린 곤충은 그 틈을 비집고 나와요. 마치 딱 달라붙은 수영복을 벗을 때처럼요. 오래된 겉뼈대 안에는 크기가 더 큰 새 뼈대가 준비하고 있답니다.

   어린 곤충에는 두 종류가 있어요. 첫 번째 종류는 알에서 깨어난 순간부터 어른이 될 때까지 내내 모습이 거의 같아요. 이런 곤충을 안갖춘탈바꿈을 한다고 하고, 이 곤충의 어린 새끼를 약충이라고 불러요. 귀뚜라미와 바퀴벌레가 안갖춘탈바꿈을 하는 곤충이에요.

   두 번째 종류는 어렸을 때와 어른이 되었을 때의 모습이 완전히 달라요. 애벌레에서 나비의 모습을 찾아볼 수 없는 것처럼요. 이런 곤충을 갖춘탈바꿈을 한다고 하고, 성충이 되기 전의 어린 곤충을 유충이라고 불러요. 갖춘탈바꿈을 하는 곤충은 번데기로 지내는 동안 딱딱한 껍질 안에서 완전히 다른 동물이 되어서 나와요. 길고 가는 다리, 두 쌍의 아름다운 날개, 아기를 만드는 데 필요한 기관을 모두 갖춘 나비, 말벌, 딱정벌레가 되는 거죠. 정말 놀랍지 않나요?

발바닥에 달린 혀, 무릎에 달린 귀

모든 곤충이 밥상 앞에서 예의 바르게 행동하는 건 아니랍니다. 예를 들어 집파리는 자기가 먹을 음식 위에 내려앉아 마구 짓밟고 돌아다녀요. 하지만 이 버릇 없는 행동에는 다 이유가 있어요. 사실 파리는 지금 진지하게 맛을 보는 중이거든요. 파리는 맛을 느끼는 감각기관이 발밑에 달려 있어서 발로 음식의 맛을 보고 먹을까 말까 결정해요. 여러분의 혀가 발바닥에 달려 있다고 상상해 봐요. 숲속을 맨발로 걷고 뛰어다니면서도 블루베리의 맛을 볼 수 있지 않겠어요?

곤충의 귀는 도무지 말도 안 되는 곳에 달려 있어요. 어떤 곤충은 더듬이로 소리를 듣거나, 몸과 엉덩이에 난 작은 털의 떨림으로 소리를 들어요. 여치는 귀가 다리에 달렸고 심지어 입속에 귀가 있는 나비도 있답니다. 여기서 문제 하나 내볼게요. 곤충의 몸에서 귀를 찾을 수 없는 딱 한 군데가 어딜까요? 바로 여러분의 귀가 달린 머리 양쪽이랍니다.

곤충에게도 소리를 듣는 건 중요해요. 그래야 배고픈 사냥꾼을 피하거든요. 어떤 나방은 박쥐가 날아다닐 때 내는 신호를 듣고 박쥐의 먹잇감이 될 운명을 피하곤 하지요. 박쥐 소리가 들리면 갑자기 날갯짓을 멈추고 바닥에 굴러떨어져 죽은 척을 하거든요. 어떤 곤충은 소리를 듣고 먹잇감을 사냥하거나 제 짝을 찾기도 해요.

여치는 치릿치릿, 모기는 앵앵, 매미는 맴맴

곤충은 소리를 잘 듣기만 할 뿐 아니라 잘 내기도 해요. 게다가 종마다 저만의 특별한 소리가 있어서 짝을 찾으러 다닐 때 같은 종을 쉽게 알아볼 수 있어요.

곤충이 소리를 내는 방법은 아주 다양해요. 여치는 한쪽 날개의 거친 가장자리로 다른 쪽 날개의 부드러운 면을 문질러서 소리를 내요. 손톱으로 지퍼를 긁을 때 나는 소리와 비슷한 소리가 나죠. 여치의 이 긁는 듯한 소리는 바이올린의 음처럼 크고 높아요. 늦은 여름이면 여치가 우는 소리를 들을 수 있죠. 중국에서는 여치의 울음소리가 아름다워 아주 옛날부터 카나리아 대신 여치를 길렀대요.

무더운 한여름, 귀청이 떨어질 것 같은 매미 소리를 들은 적이 있을 거예요. 나무나 덤불에 숨어 앉아 아주 크게 맴맴 거리죠. 매미는 곤충 중에서도 꽤나 시끄러운 편이에요. 매미가 떼로 모여 있는 곳에 너무 오래 있으면 청력이 손상될 정도예요.

딸기잼 병의 금속 뚜껑을 누르면 딸깍 소리가 나지요? 매미 엉덩이에 그런 뚜껑 두 개가 있어요. 매미가 특별한 근육을 이용해 아주 빨리 딸깍거리면서 매미만의 맴맴 소리가 나오는 거랍니다.

모깃소리

모기 수컷과 암컷의 소리가 다르다는 거 알고 있나요? 그럼 모기의 나이에 따라서도 소리가 달라진다는 건 알고 있나요?

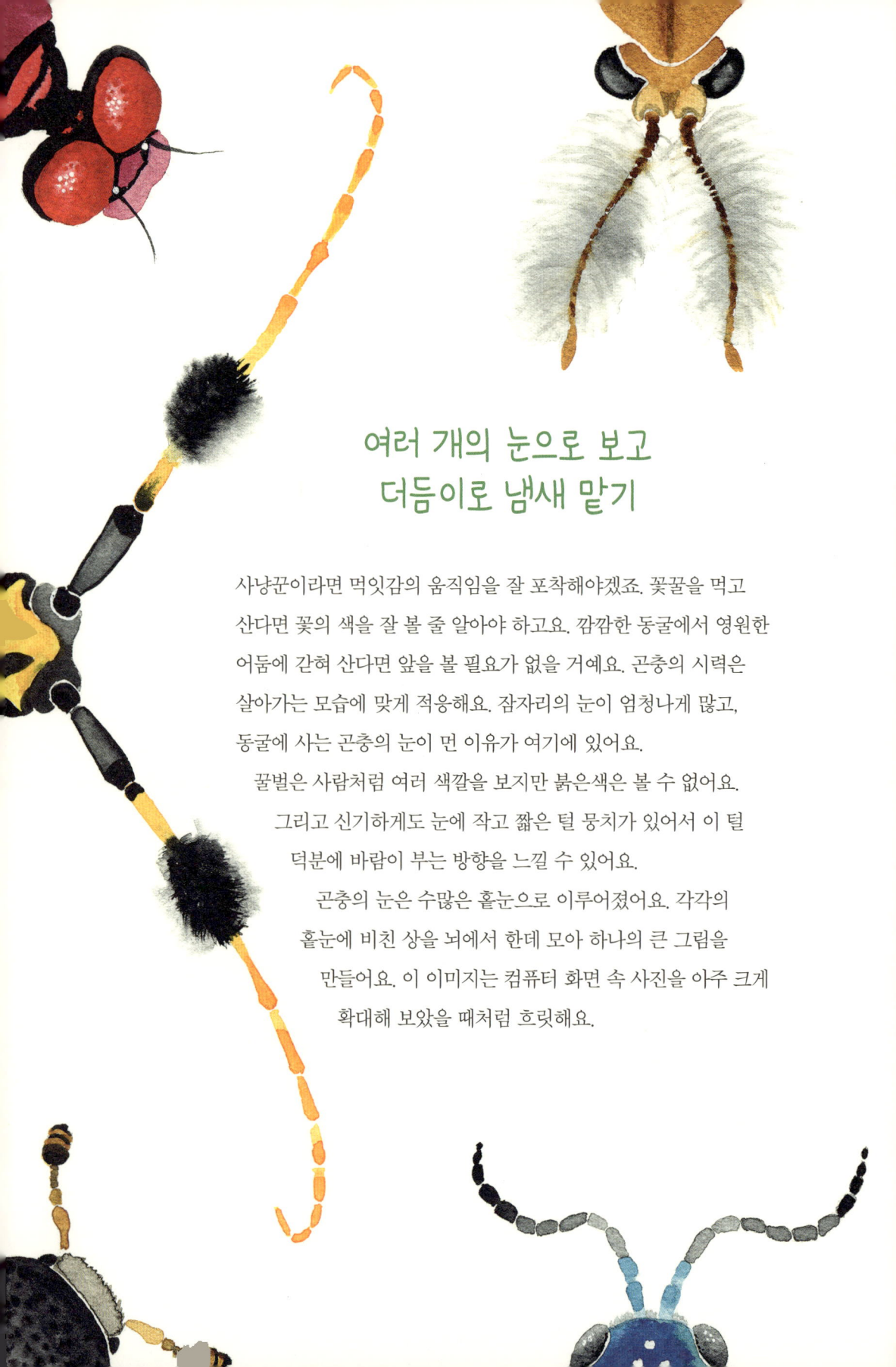

여러 개의 눈으로 보고 더듬이로 냄새 맡기

사냥꾼이라면 먹잇감의 움직임을 잘 포착해야겠죠. 꽃꿀을 먹고 산다면 꽃의 색을 잘 볼 줄 알아야 하고요. 깜깜한 동굴에서 영원한 어둠에 갇혀 산다면 앞을 볼 필요가 없을 거예요. 곤충의 시력은 살아가는 모습에 맞게 적응해요. 잠자리의 눈이 엄청나게 많고, 동굴에 사는 곤충의 눈이 먼 이유가 여기에 있어요.

꿀벌은 사람처럼 여러 색깔을 보지만 붉은색은 볼 수 없어요. 그리고 신기하게도 눈에 작고 짧은 털 뭉치가 있어서 이 털 덕분에 바람이 부는 방향을 느낄 수 있어요.

곤충의 눈은 수많은 홑눈으로 이루어졌어요. 각각의 홑눈에 비친 상을 뇌에서 한데 모아 하나의 큰 그림을 만들어요. 이 이미지는 컴퓨터 화면 속 사진을 아주 크게 확대해 보았을 때처럼 흐릿해요.

만약 곤충에게 어떤 냄새를 가장 좋아하냐고 묻는다면, 아마 여러분의 생각과는 전혀 다른 답이 나올 거예요. 쇠똥구리는 동물의 똥 냄새를 좋아해요. 모기는 지독한 발 냄새도 맛있다고 생각하고요. 파리들에게 상한 고기 냄새보다 더 군침이 도는 건 없답니다.

곤충은 더듬이로 냄새를 맡아 맛있는 먹이나 알을 낳기 적당한 장소를 찾아요. 또 짝에게 가는 길도 냄새를 맡아 찾아가죠. 많은 곤충들이 향기로 짝을 찾아요. 암컷은 곤충 향수를 뿌려 냄새를 풍기죠. 종마다 다른 향을 사용하기 때문에 수컷이 냄새로 자기 종의 암컷을 찾아갈 수 있어요. 어떤 수컷 나비는 커다란 깃털 모양의 더듬이로 암컷이 풍기는 아주 희미한 냄새도 맡아요.

말파리의 눈

말파리를 본 적이 있나요? 말파리 암컷은 동물의 피부에 작은 구멍을 뚫고 피를 빨아먹어요. 다음에 말파리를 보면 파리채를 들기 전에 잠깐 멈추고 눈을 잘 들여다보세요. 많은 말파리들이 선명한 노랑, 보라, 초록색 무늬가 있는 예쁜 눈을 가졌거든요.

곤충은 겨울에는 어디서 지내나요?

여름철에는 어디서나 쉽게 곤충을 볼 수 있지만 가을이 되고 겨울이 오면 어떻게 될까요? 많은 곤충들이 죽는답니다. 하지만 여름 한 철만 사는 곤충이라도 죽기 전에 알을 낳기 때문에 다음 여름에도 볼 수 있어요.

겨울을 나야 하는 곤충이라면 추위가 시작될 때 세 가지 중 하나를 선택할 수 있어요. 따뜻한 나라로 이동하거나, 덜 추운 장소에서 몸을 숨기거나, 몸속의 물이 얼지 않게 다른 물질로 바꾸는 거죠.

어떤 나비는 해마다 가을이 되면 북유럽에서 남쪽의 지중해까지 날아가요. 그렇게 해서 추운 북유럽의 겨울을 피하죠.

다른 곤충들은 추위가 미치지 않는 곳에서 잠을 자요. 집안이나 땅속, 또는 오래된 나무의 틈바구니가 적당해요. 무당벌레는 이런 곳을 찾아 큰 무리를 짓고 겨우내 잠을 자요.

만약 도망치거나 숨을 수 없다면 추위를 이겨낼 수 있게 준비해야 해요. 사람들은 겨울이면 자동차에 부동액을 넣어요. 부동액은 엔진 속 물이 어는 걸 막아 주죠. 물이 얼면 엔진이 멈추거든요. 어떤 곤충은 몸에서 부동액을 만들어 겨울에도 얼지 않고 버텨요.

곤충이 겨울을 나는 마지막 비법은 건조예요. 어떤 곤충은 몸이 딱딱하게 어는 것을 막기 위해 몸속에 있는 물을 아주 많이 버리고 적은 양만 남기기도 합니다. 곤충 중에서도 가장 강인한 놈들이죠.

남극에 사는 깔따구

남극에 사는 곤충은 하나밖에 없어요. 바로 깔따구예요. 이 깔따구는 날개가 없어서 날지 못하는 대신 땅의 이끼 틈에서 한가롭게 지낸답니다.

물속에 사는 곤충들

곤충은 꼭 육지에서만 살지 않아요. 물속에도 아주 많이 산답니다. 평생을 물속에서 보내는 곤충이 있는가 하면, 어려서는 물속에서 살다가 성충이 되면 마른 뭍으로 올라오는 곤충도 있어요. 어린 시절 내내 수영장에서 사는 셈이죠. 하지만 곤충도 짠물은 좋아하지 않아요. 그래서 바다에는 곤충이 살지 않는 거랍니다.

입이 없는 하루살이

나는야 하루살이. 몇 년간 어른이 될 날만 손꼽아 기다렸어요. 그리고 드디어 수천 명의 친구들과 함께 어른이 되었죠. 그런데 맙소사! 제 몸에 무슨 일이 일어난 거죠? 입이 없어졌어요! 게다가 다리는 왜 이렇게 가늘고 힘이 없는 걸까요? 잠깐 쉬지도 못하고 계속 날아다녀야 할 판이에요.

안타까운 일이네요! 그렇다면 어른으로 살 수 있는 시간이 길지 않겠어요. 고작 몇 시간에서 길어야 1~2주 정도? 미국의 어떤 하루살이 암컷은 고작 5분 동안 살고 죽은 슬픈 기록을 세웠답니다.

   어린 하루살이는 성충이 될 때까지 물속에서 살아요. 그러다 때가 되면 날개가 자라 공중으로 날아오르죠. 갓 어른이 된 수천 마리의 하루살이들이 짝을 찾아 아름다운 공중 무도회를 열어요. 하루살이 수컷한테는 암컷을 잘 찾게 도와주는 특별한 눈이 있어요. 이 눈을 터번 눈이라고 부르는데 정말로 머리 위에 얹어진 커다란 터번처럼 생겼답니다.

   하루살이 성충이 그렇게 짧게 살다 가는 걸 보면 어린 하루살이들이 모두 동시에 성충이 되는 이유를 알 수 있을 것 같군요. 그래야 굶어 죽기 전에 빨리 짝을 만나 새끼를 낳을 수 있기 때문이죠. 입이 없어서 밥을 먹지 못한다면 그리 오래 살지는 못할 테니까요.

개울이나 강가에서 하루살이 떼를 본다면 그건 반가운 일이에요.
물이 오염되지 않고 깨끗하다는 뜻이니까요. 하지만 뭐든 지나치면
좋지 않은 법이죠. 어떤 나라에서는 수백만 마리의 하루살이가
같은 장소에서 동시에 성충이 되는 바람에 앞이 보이지
않을 정도로 도로를 막고, 차가 죽은 곤충 더미에
갇히는 일도 벌어졌답니다. 결국 경찰이 제설차를
몰고 와서 치워야 했죠.

패션 디자이너 날도래 유충

물건을 붙일 때 쓰는 풀은 추운 겨울에는 잘 들러붙지 않아요. 젖은 풀이 얼마나 잘 떨어지는지 생각해 보면 알 수 있죠. 하지만 해결책을 찾아낸 곤충이 있어요. 이 곤충은 몸에서 뽑아낸 실로 방수가 되는 풀을 만들거든요.

날도래 유충은 물속에 살아요. 그중에는 끈적거리는 실로 몸을 돌돌 말고는 그 안에 침낭처럼 들어가 있는 녀석들도 있어요. 그리고 이 침낭에 작은 조약돌이나 잔가지를 붙여서 몸의 부드러운 뒷부분을 보호하는 집을 만들어요. 그러고는 머리와 다리를 앞으로 내밀어 강바닥을 기어다니며 먹이를 찾아 먹죠. 날도래 유충은 보이는 건 뭐든지 가져다가 집을 짓는 습성이 있어요. 그래서 어떤 예술가는 날도래 유충에게 금가루, 진주, 귀한 보석을 주어 멋진 집을 짓게 했답니다.

날도래 성충은 육지에 살고 회색의 작은 나비 같이 생겼어요. 하지만 날개가 작은 비늘로 된 나비와 달리 날도래 날개에는 잔털이 있답니다.

날도래 접착제

과학자들은 날도래 유충이 만든 수중 접착제에 흥분했어요. 이 풀을 이용해 수영할 때에도 쉽게 떨어지지 않는 접착제를 만들고 싶어 한답니다.

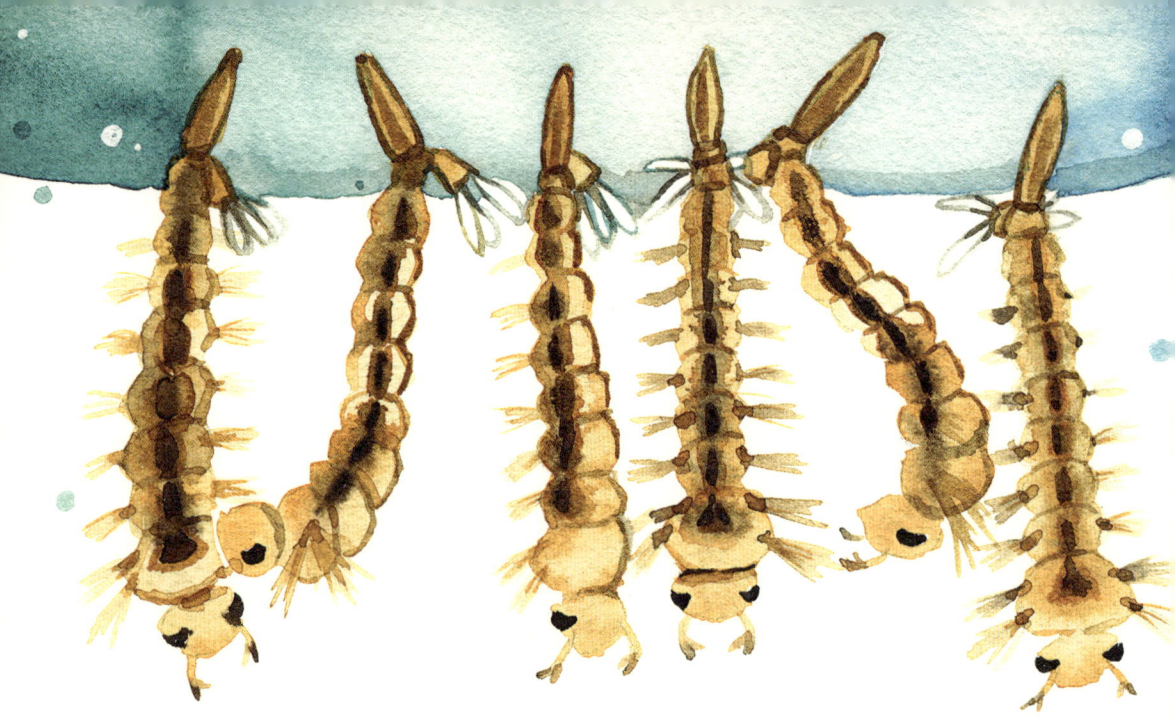

꿀을 먹는 모기, 피를 먹는 모기

세상에 모기를 좋아하는 사람은 없을 거예요. 특히 더운 나라에서는 모기가 위험한 병을 옮기기도 해서 더욱 그래요. 추운 나라에서도 모기가 성가시긴 마찬가지예요. 모기한테 물리면 가려워서 짜증이 나요. 그런데 모기 수컷은 절대 피를 빨아 먹지 않아요. 꽃에서 나오는 꿀을 먹고 살지요. 사람과 동물을 무는 건 모기 암컷이에요. 알을 낳으려면 영양이 풍부한 피가 필요하거든요.

어떤 사람들은 전 세계에서 모기가 1년에 빨아먹는 피의 양이 얼마나 되는지 계산했어요. 그런데 세상에, 그 피를 다 모으면 하나도 아닌, 두 개의 큰 수영장을 채우고도 남을 정도랍니다!

모기에게 물린 자리가 가려운 이유는 모기가 피를 빨아먹기 전에 피부에 침을 뱉기 때문이에요. 모기의 침은 피가 쉽게 굳지 않게 해 주죠. 피를 빨다가 대롱이 막히면 곤란하니까요. 그런데 우리 몸은 잘 모르는 물질이 들어오는 걸 좋아하지 않아요. 그래서 모기의 침이 들어온 곳에 방어 물질을 보내요. 피부밑에서 벌어지는 보이지 않는 전쟁 때문에 모기 물린 자리가 가렵고 붓는 거랍니다.

모기 유충은 작은 물웅덩이에 살아요. 수면 바로 아래에 모여서 놀지요. 물 밖으로 스노클을 올려 보내 공기를 얻어요. 이 스노클은 유충의 꼬리에 달려 있답니다.

모기는 그저 귀찮기만 한 존재는 아니에요. 모기 유충의 입은 털과 솔이 둘러싸고 있어서 물속의 온갖 자잘한 물질들을 입에 쓸어 넣어요. 그러면서 물을 깨끗이 청소하지요. 또 세상에는 물지 않는 모기도 많답니다. 그리고 모기는 많은 동물의 중요한 먹잇감이에요. 물고기, 새, 그리고 박쥐는 모기와 각다귀 등을 즐겨 먹어요.

물대포를 쏘는 아기 잠자리

모두가 동물의 새끼는 귀여워하죠. 하지만 연못에서 어린 잠자리를 본다면 마음이 바뀔지도 몰라요. 잠자리 약충은 꼭 작은 괴물처럼 생겼거든요. 입에서 팔 하나가 뻗어 나온다고 상상해 보세요. 팔 끝에는 손가락이 아니라 입이 달렸고요. 그게 대충 잠자리 약충의 생김새예요. 보통 이 팔을 안쪽으로 접고 있다가 구미가 당기는 먹잇감이 다가오면 쏜살같이 팔을 뻗어요. 팔 끝에 달린 강력한 턱과 입이 낚아채면 어떤 먹잇감도 피할 수가 없답니다.

그러나 이것만이 아니에요. 잠자리 약충은 더 대단한 재주를 갖고 있어요. 엉덩이에 제트 엔진이 달렸거든요. 겁을 먹으면 엉덩이 끝에서 물을 빨아들인 다음 세게 쥐어짜서 초고속으로 물을 쏘아요!

잠자리 성충도 놀랍긴 마찬가지예요. 잠자리는 여러분이 자전거를 타는 속도보다 더 빨리 날아요. 뒤로 거꾸로 마음대로 날고 심지어 공중에서 가만히 멈춰 있기까지 하지요. 이건 다른 곤충들이 쉽게 할 수 없는 능력이에요. 그렇다면 인간이 잠자리를 흉내 내려는 것도 당연하죠. 드론은 원격으로 조종하는 미니 헬리콥터를 말해요. 사람들은 잠자리를 날개를 본떠 가벼우면서 더 튼튼한 드론의 날개를 설계한답니다.

잠자리는 파란색, 초록색, 빨간색의 아름답고 반짝거리는 색깔을 띠고 있어요. 하지만 잠자리가 죽으면 색도 바래지죠.

또 잠자리들은 눈이 엄청나게 커요. 머리 전체가 거의 다 눈이에요. 잠자리는 움직임이 빠르고 시력이 좋아 먹잇감을 잘 찾아내기 때문에 사냥에 실패하는 일이 별로 없어요. 잠자리는 백상아리나 사자보다도 더 실력 있는 사냥꾼이랍니다.

옛날 사람들은 잠자리에 관한 미신을 많이 믿었어요. 어른들은 아이들에게 거짓말을 하면 잠자리가 와서 입을 꿰매버린다고 겁을 주곤 했죠. 그런데 그건 말도 안 되는 얘기예요. 잠자리는 바느질을 못 하니까요. 물론 입에서 불을 뿜지도 않아요. 잠자리의 영어 이름은 용파리라는 뜻의 드래곤플라이인데 잠자리들은 이런 멋진 이름을 가질 자격이 있어요. 왜냐하면 용처럼 낯설고 멋지니까요. 잠자리의 괴물 약충이나 성충의 공중 곡예를 본다면 틀림없이 모두 고개를 끄덕거릴 거예요.

물 위를 걷는 소금쟁이

물 위를 걷는 곤충을 아나요? 미국에서는 예수님 벌레라고도 부르는 이 녀석은 바로 소금쟁이예요. 길고 날씬한 몸매에 마치 수면 위를 걸어 다니는 커다란 모기처럼 생겼죠. 여름철에 연못이나 호수에서 흔히 볼 수 있어요. 두 쌍의 뒷다리는 가늘고 길어서 물 위에서 뛰어다니는 데 쓰여요. 짧은 두 앞다리로는 먹이를 잡고요.

 소금쟁이는 물 위에 떨어져서 다시 날지 못하는 곤충들을 먹고 살아요. 단단한 주둥이로 먹잇감을 쿡 찌른 다음, 마치 종이팩 안에 든 초콜릿 우유를 마시듯 영양분을 빨아먹지요. 소금쟁이는 모기 유충도 즐겨 먹어요. 모기 유충은 물 아래에 숨어 있지만 스노클은 바깥에 삐져나오지요. 소금쟁이가 스노클을 발견하면 그 채로 들어 올려 맛있게 먹는답니다.

 소금쟁이는 어떻게 물 위에서 걸을까요? 비결은 길고 가는 다리에 난 수천 개의 작은 털에 있어요. 털 사이에 공기를 가두면 마치 작은 고무보트를 탄 것처럼 몸 전체가 물에 뜨지요. 이 털을 눈으로 직접 볼 수는 없지만 소금쟁이 발 주위에 일어나는 작은 잔물결은 볼 수 있어요.

물 밑에 눈 두 개,
물 위에 눈 두 개

뒤통수에도 눈이 달려서 등 뒤에서 일어나는 일을 볼 수 있다면 얼마나 좋을까요? 물맴이라는 곤충이 그렇답니다. 물맴이는 둥글고 윤기가 나는 작은 플라스틱 구슬처럼 생겼어요. 연못이나 호수의 물 위를 헤엄쳐 다니죠. 물맴이는 눈이 네 개나 있어요. 두 개는 머리 아래쪽으로 수면 아래에 있어서 물 밑에서 다가오는 사냥꾼 물고기를 경계하죠. 나머지 두 개는 머리 뒤쪽으로 하늘을 향해 있어서 공중에서 다가오는 적을 볼 수 있어요. 물론 먹이를 찾는 데도 편리하답니다.

물맴이는 믿을 수 없을 정도로 빨라요. 네 개의 뒷다리를 노처럼 사용하기 때문에 이들을 잡는 건 어림도 없죠. 짧고 평평한 다리를 물속에서 앞뒤로 끌어당겨 호수의 수면을 1초에 몸길이의 40배가 넘는 거리를 달리는 속도로 가로질러요. 날개가 있어서 날아다닐 수도 있고, 물속에서 헤엄도 칠 수 있어요.

물맴이는 다른 물맴이들과 함께 있는 걸 좋아해요. 여럿이 모여 놀이동산의 범퍼카처럼 서로 부딪히죠. 이렇게 여러 마리가 모여서 붙어 있으면 잡아 먹힐 가능성이 줄어요. 참, 물맴이의 몸에는 아주 특별한 장치가 있어요. 건드렸다간 역겨운 맛이 나는 물질을 내뿜죠. 그래서 물고기들이 물맴이를 집어삼켰다가도 도로 내뱉곤 한답니다.

날개도 눈도 없는 벌레가 사는 법

물에 젖지 않고 연못 속에서 살 수 있을까요? 물론이죠. 비버의 털가죽에 들어가서 살면 된답니다. 실제로 비버딱정벌레가 그렇게 살아요. 비버딱정벌레는 날개도 없고, 눈도 없어 날 수도 볼 수도 없는 정말 희한한 벌레예요. 평생 비버의 털 속에서 살지요. 비버딱정벌레는 피를 빨아먹는 대신 털가죽을 돌아다니며 각질이나 다른 작은 생물을 먹어요. 비버 한 마리에 비버딱정벌레가 100마리도 넘게 살아요. 하지만 비버는 아무렇지도 않은가 봐요.

   사람들은 다른 동물이 털에 들어와 사는 걸 끔찍하게 싫어해요. 머리카락 말이죠. 그런데 머릿니는 인간의 머리카락에 숨어 살면서 두피에서 피를 빨아먹어요. 머릿니가 크게 해로운 곤충은 아니지만 머리카락에 곤충이 산다는 게 기분 좋은 일은 아니긴 하죠. 게다가 시간이 지나면 가렵기도 해요. 우리 몸이 머릿니의 침에 알레르기 반응을 일으키기 때문이에요.

   머릿니는 아주 흔하고 머리를 얼마나 자주 감는지와는 상관없어요. 머릿니는 사람들이 머리를 맞대고 있을 때 한 사람에게서 다른 사람에게로 옮겨가거든요. 예를 들면 사람들이 모여서 셀카를 찍을 때처럼요.

   머릿니는 인간과 아주 오랜 역사를 함께했어요. 수천 년 전으로 거슬러 올라가 고대 이집트인들은 이 성가신 벌레를 없애기 위해 특별한 참빗을 만들었을 정도였죠. 당시에 만들어진 미라에서도 죽은 머릿니가 발견되었답니다.

물 속에 사는 유일한 거미

다들 한 번쯤은 밖에서 거미를 본 적이 있을 거예요. 집안에서 거미를 만나기도 했을 거고요. 하지만 물속에도 거미가 있다는 건 몰랐을 거예요. 개울이나 연못에서 평생을 사는 거미가 딱 한 종류 있어요. 바로 물거미죠.

  물거미의 몸과 다리는 온통 가느다란 털로 덮여 있어요. 그리고 하루에 한 번씩 숨 쉬는데 필요한 공기를 가지러 뭍으로 짧은 여행을 다녀와요. 털 사이사이로 공기가 빼곡히 들어가 거미가 다시 물속에 기어들어 갈 때면 얇은 공기층으로 덮이게 되죠. 이 공기층 때문에 물속에서 보면 거미가 은색으로 반짝거려요.

  물거미는 연못 바닥에 거미줄로 손수 집을 짓고 살아요. 이 집에 공기 방울을 채워 넣고 그 안에 앉아 느긋하게 시간을 보내죠. 가끔 먹이를 잡으러 외출할 때도 있어요. 집에 연결된 거미줄에 걸린 것들을 먹죠. 특히 모기 유충이나 다른 작은 벌레들을 좋아해요. 지나가다 다리가 줄에 걸리면 억센 턱으로 물어서 죽여요.

  거미는 대부분 암컷이 수컷보다 더 크지만, 물거미는 반대예요. 암컷이 알과 새끼를 돌보느라 사냥을 덜 나가기 때문일 거예요. 물속에 아기들을 위한 공간을 더 많이 마련하려고 엄마의 몸집이 작은 건지도 몰라요.

  새끼가 자라면 집에서 나와 물속 세상으로 들어가요. 어린 거미들은 종종 달팽이가 버리고 간 껍데기에 공기를 채우고 들어가 살죠. 어른이 되어서야 제집을 직접 짓고 산답니다.

숲에 사는 곤충들

숲속의 곤충들은 다양한 먹이를 즐겨 먹어요. 어떤 곤충은 나뭇잎과 바늘잎을 좋아하고 어떤 곤충은 꽃가루와 꽃꿀을 모으죠. 작은 벌레를 잡아먹는 포식자도 있어요. 숲속의 많은 곤충이 죽은 식물과 동물을 청소하고 분해해서 흙으로 만들어요. 이들은 숲을 돌보는 작은 관리인들이랍니다.

곤충 낙서꾼 굴나방

누구나 한 번쯤 수업 시간에 연필로 공책에 낙서를 끄적거린 적이 있을 거예요. 곤충 중에도 낙서꾼들이 있어요. 종이 대신 잎에 낙서하는 거죠.

제일 찾기 쉬운 낙서꾼은 굴나방이에요. 굴나방 유충은 나뭇잎에 굴을 파요. 만약 유충이 보고 싶으면 사시나무를 찾으면 돼요. 사시나무는 쉽게 알아볼 수 있어요. 산들산들 부는 바람에도 이파리가 몸을 떨며 흔들리거든요. 잎자루는 길고 부드럽지만 잎 자체는 무겁기 때문이에요. 사시나무를 찾았다면 나뭇잎을 살펴보세요. 초록 잎에 하얀 낙서가 가득할 거예요. 이 낙서들 때문에 잎은 초록색이 아닌 은백색으로 보이죠. 모두 굴나방 유충의 작품이랍니다.

굴나방은 어미가 사시나무 잎에 낳은 알에서 시작해요. 알에서 작고 귀여운 유충이 나오면 곧장 잎 아래로 내려가요. 유충이 생활하는 집은 천장이 높지 않아요. 고작 이 책의 종이 한 장 두께니까요. 유충은 거기에서 지내면서 잎을 파먹고 복잡한 굴을 만들어요.

잎을 잘 들여다보면 처음엔 가느다랗던 선이 점점 굵어지는 게 보일 거예요. 유충이 잎을 먹고 자라면서 점점 통통해지기 때문이죠. 유충은 몸이 납작하고 다리가 없어요. 잎 안에는 다리가 들어갈 자리가 없거든요.

굴 중간중간에 가늘고 짙은 줄무늬가 보일 거예요. 그건 유충의 똥이에요. 마침내 잎의 가장자리까지 굴을 다 파고 나면 유충은 이제 잎으로 몸을 포근하게 감싸요. 우리가 침대 위에서 이불로 몸을 돌돌 말듯이요. 그리고 성충이 될 때까지 나뭇잎 이불 아래 누워 지내다 다 자라면 날개를 달고 이불에서 나와 하늘로 날아갑니다.

집나방 유치원

온통 하얀 거미줄로 감싸진 수풀이나 나무를 본 적이 있을 거예요. 마치 한여름의 핼러윈 장식 같죠. 오싹한 공포 영화의 한 장면에 들어온 기분이 들지도 몰라요. 그러나 여러분이 발견한 것은 집나방 유치원이랍니다.

귀룽나무집나방은 아주 작은 나방이에요. 하얀 바탕에 검은 점이 많이 박혀 있지요. 날개는 지붕처럼 등을 길게 덮고 있어요. 가을이면 귀룽나무집나방은 귀룽나무에 알을 낳아요. 그리고 이듬해에 작은 연두색 유충들이 기어 나오죠. 마치 엄청나게 큰 유치원 같아요. 한 나무에 유충이 수백 마리나 있거든요. 그러나 친구들과 놀 시간은 없어요. 모두 먹는 데만 관심이 있거든요. 유충은 늘 배가 고프답니다.

이렇게 많은 유충들이 한 자리에 모여 있으면 출출한 새들의 먹잇감이 되기 쉬워요. 그러니 몸을 잘 숨겨야 해요. 유충은 몸에서 실을 뽑아 주변에 아주 큰 집을 지어요. 실로 지은 집이 나무 한 그루를 통째로 뒤덮을 때도 있어요. 심지어 나무 옆의 울타리, 벤치, 자전거까지 모조리 덮어버린답니다.

이 털실 집 아래에서 유충은 평화롭게 지낼 수 있어요. 나뭇잎을 싹 다 먹어 치우죠. 그리고 몸이 다 자라면 실로 작은 침낭을 짓고 그 안에 들어가 어른의 몸이 되어요. 늦은 여름이면 유충에서 성충으로의 재공사가 끝나고 예쁜 나방이 나와요. 이 나방도 알을 낳아야 하지만 몇 해 연속으로 같은 나무에 알을 낳지는 않아요. 그래야 귀룽나무도 살아남을 테니까요. 비록 한동안 모습은 으스스해 보이겠지만요.

많은 나방의 유충이 잎을 즐겨 먹어요. 하지만 대부분은 실로 집을 짓지 않아요. 어떤 나방들은 자작나무를 좋아해 나무의 초록 잎을 다 먹어버리고 옆에 있는 블루베리 덤불까지 탐낸답니다.

이파리 위의 과자점

귀룽나무 잎 뒷면에는 두 개의 작고 빨간 구슬이 달려 있어요. 이 구슬은 개미들의 과자점이에요. 귀룽나무가 여기에 개미들이 좋아하는 달콤한 꽃꿀을 준비해 놓거든요.

파인애플 벌레혹

가문비나무는 크리스마스트리처럼 생긴 바늘잎나무에요. 그런데 혹시 가문비나무에 파인애플이 자란다는 사실을 알고 있었나요? 물론 진짜 파인애플은 아니지만요. 가지 끝에 초록색 또는 갈색으로 꼭 파인애플처럼 자라지만 이건 열매도 가문비나무 솔방울도 아니에요. 바로 방울솜벌레의 집이랍니다.

  방울솜벌레 암컷은 가문비나무 가지 사이에 알을 낳아요. 알이 깨어나 약충이 나무의 수액을 빨아먹으면 바늘잎이 부풀어요. 가문비나무가 깜빡 속아 방울솜벌레 새끼의 집을 짓는 거예요. 덕분에 약충들은 모두 저만의 작은 아파트를 갖게 돼요. 그런데 이 아파트는 방도 하나밖에 없고 밖으로 나갈 수 있는 문도 없어요. 그래서 약충은 여름 내내 방 안에서 지내야 해요. 하지만 그 안은 편안하고 먹을 것도 충분해요. 벽에다 빨대 대롱을 꽂고 가문비나무 수액을 맛있게 빨아먹으면 되거든요.

  문은 여름이 끝날 무렵에야 열려요. 그러면 미니 파인애플이 갈라지면서 성충이 된 방울솜벌레가 날개를 달고 기어 나온답니다.

가문비나무 숲에서 파인애플 벌레혹을 찾기는 쉬워요. 어린 가지 끝을 잘 들여다보기만 하면 되거든요. 초여름에 파인애플 벌레혹이 아직 초록색일 때 떼어 조심스럽게 잘라보면 그 안에 살고 있는 회색 약충이 보일 거예요. 왁스질의 가느다란 실로 몸을 감싸고 있기 때문에 작은 양처럼 보이죠. 가을이면 벌레혹이 갈색으로 변하면서 말라요. 그러면 이 작은 아파트들이 어떻게 열리는지 알 수 있죠. 그때쯤이면 방울솜벌레들은 모두 사라졌을 테지만요.

고약한 방귀를 내뿜는 노린재

숲에서 산딸기를 따는 중에 갑자기 어디선가 고약한 냄새가 코끝을 스친 적이 있을 거예요. 방귀 냄새와 땀투성이 발 냄새를 섞어 놓은 것 같죠. 그건 아마 노린재를 건드렸기 때문일 거예요. 노린재는 딱정벌레와 비슷하게 생겼지만 등에 삼각형 무늬가 있어요. 모든 노린잿과 벌레들은 주둥이에 대롱이 달렸어요. 빨대처럼 생긴 긴 주둥이를 식물에 꽂아 넣고 즙을 빨아먹죠. 산딸기는 노린재가 제일 좋아하는 먹이예요.

노린재는 열매 위에 앉아 평화롭게 수액을 빨아먹다가 누가 귀찮게 하면 놀래 줘요. 아침 식사로 자기를 잡아먹으려는 배고픈 새라고 생각하니까요. 배 쪽에 있는 작은 구멍으로 고약한 냄새가 나는 물질을 내뿜는데, 잘못해서 산딸기 따는 도구로 짓누르기라도 했다가는 코를 틀어막아야 할 만큼 지독한 냄새가 날 거예요.

이 냄새 나는 물질 때문에 산딸기 맛이 이상해질 수도 있지만 먹어도 위험하진 않아요. 사실 어떤 나라에서는 노린재를 훌륭한 식량으로 생각한답니다.

식물의 친구 개미

친구처럼 서로 돕고 지내는 개미와 식물이 있어요. 식물은 개미에게 먹이를 주고 개미는 식물이 씨앗을 퍼트리는 걸 돕지요. 개미의 먹이는 식물의 씨앗에 붙어 있어요. 숲바람꽃이나 노루귀를 잘 들여다보면 씨앗에 붙은 개미 도시락이 보일 거예요. 개미는 식물이 싸놓은 도시락을 가져가면서 씨앗도 함께 집으로 가져가요. 땅속 집에 도착하면 개미는 도시락을 꺼내 잘 씹어서 유충에게 먹이고 씨앗은 옆에 버려요. 그런데 마침 거기가 씨앗이 싹을 틔우고 자라기에 더할 나위 없이 좋은 장소랍니다. 덕분에 식물은 새로 터전을 찾고, 개미는 먹이를 얻었으니 모두에게 좋은 일 아니겠어요?

개미 말고 다른 곤충을 이용해 씨앗을 퍼트리는 식물도 있어요.
남아프리카에 있는 한 식물은 속임수의 달인이에요. 영양의 똥하고
모양과 냄새가 아주 똑같은 씨를 만들죠. 사람들은 이 씨앗을
보아도 전혀 먹고 싶은 생각이 들지 않겠지만, 쇠똥구리들은 달라요.
쇠똥구리는 똥을 굴려 공처럼 만든 다음 땅속에 묻고 알을 낳는
곤충이에요. 쇠똥구리가 이 씨앗을 보고 똥 뭉치라고 착각을 하죠.
그래서 씨앗을 굴려 적당한 장소로 간 다음, 땅속에 구멍을 파고
씨앗을 떨어뜨려요. 그리고 그제야 속은 걸 알게 되죠. 어떻게
알았는지는 모르겠지만, 아무튼 거기에 알을 낳지는 않거든요. 그저
허탈한 마음으로 발길을 돌린답니다.

똥 청소부 금풍뎅이

여러분은 거리에서 낙엽을 치우고 길을 청소하는 분들을 본 적이 있을 거예요. 그런데 자연에서는 누가 청소를 하는지 생각해 본 적 있나요? 사슴과 양, 소들이 싼 똥들은 다 어디로 가는 거죠?

   아마 여러분은 숲속의 관리인들을 보고도 그들이 무슨 일을 하는지는 잘 알지 못했을 거예요. 금풍뎅이가 그중에 하나예요. 금풍뎅이는 힘이 세고, 먹성이 좋은 벌레예요. 금풍뎅이는 식습관이 아주 독특해요. 동물의 똥을 먹거든요. 하루에 자기 몸무게만큼이나 많은 똥을 먹을 수 있답니다. 금풍뎅이 성충은 동물의 똥 아래로

땅속에 긴 굴을 파요. 이 굴은 여러분의 팔보다 길 때도 있어요. 굴 맨 끝에는 새끼를 위한 방을 짓죠. 그리고 땅 위에서 똥을 끌고 내려와 방으로 가져간 다음, 거기에 알을 낳아요. 땅속의 안전하고 아늑한 방에서 태어난 유충은 그곳에서 똥을 실컷 먹고 자라요. 물론 덕분에 똥은 땅 위에서 사라지고 땅속에서 흙과 함께 섞이게 되죠.

다음번에 길을 가로질러 느릿느릿 기어가는 크고 둥글둥글한 풍뎅이를 보게 된다면 살짝 들어서 찬찬히 들여다보세요. 만약 금풍뎅이라면 배에 파랗고 보랏빛의 윤기가 날 거예요. 그리고 금풍뎅이가 왜 그렇게 움직임이 굼뜬지도 알 수 있을 거예요. 금풍뎅이의 다리는 가늘고 긴 삽처럼 생겼어요. 땅을 파는 데는 훌륭하지만 100미터 달리기에서 좋은 기록을 세우진 못할 거예요.

어쩌면 여러분은 금풍뎅이에 붙어 있는 아주 작고 붉은 기가 도는 갈색 벌레를 볼지도 몰라요. 주로 배에 매달려 있죠. 이것들은 진드기예요. 진드기는 곤충이 아니고 거미에 가까워요. 날개가 없어서 혼자서 날지 못해요. 그래서 금풍뎅이의 몸을 얻어타고 똥과 똥 사이를 이동하려는 거죠. 손님을 태운 덕분에 금풍뎅이가 움직이는 게 더 힘들긴 하지만 금풍뎅이에게도 진드기들을 데리고 다니는 게 도움이 돼요. 진드기는 똥 안에 있는 다른 동물의 유충을 먹고 살거든요. 그러면 금풍뎅이의 새끼가 먹을 게 더 많아지겠죠.

숲속 관리인 나무좀

숲속에는 다른 관리인들도 있어요. 치워야 할 것은 똥만이 아니니까요. 숲속의 커다란 나무들을 생각해봐요. 이 나무들이 죽으면 누군가 잘게 씹어 분해해야 하죠. 조그만 곤충들에게 그건 엄청난 일이지만, 다행히 곤충은 수가 어마어마하게 많아요. 그리고 곰팡이와 세균의 도움을 받죠.

곤충이 청소하고 지나간 흔적을 찾기는 쉬워요. 다음에 숲에 가면 죽은 나무에서 나무껍질을 뜯어내고 나무의 표면을 관찰해 봐요. 분명 미로처럼 복잡한 굴과 길이 보일 거예요. 떼어낸 나무껍질의 안쪽도 마찬가지예요. 여기가 곤충들이 먹고 자는 집이죠.

나무껍질과 안쪽의 나무 사이에서 흔하게 발견되는 곤충은 나무좀이에요. 나무좀 어미는 나무껍질 밑에 긴 굴을 파고 작은 알을 낳아요. 유충이 깨어나면 껍질 아래에서 나무를 파먹으며 돌아다니죠. 유충이 만든 작은 길을 손가락으로 따라가다 보면 점점 넓어지는 게 보일 거예요. 나무좀 유충이 나무를 먹고 점점 살이 쪄서 공간을 더 많이 차지하기 때문이에요.

유충이 만든 무늬는 이상한 나라의 언어로 쓰인 비밀 문자 같아요. 자작나무에서도 바이킹들의 고대 문자 같은 무늬를 발견할 수 있어요. 바이킹이 쓰던 문자를 룬이라고 부르는데 제가 사는 노르웨이에서는 이 이상한 무늬를 만드는 곤충을 "룬 딱정벌레"라고 해요. 영어로는 "통나무좀"이라고도 하고요.

나무좀들은 아주 영리해요. 유충에게 도시락을 싸주거든요. 나무좀 어미는 알을 낳을 때 나무좀이 즐겨 먹는 특별한 곰팡이를 함께 두어요. 그러면 부화한 유충이 죽은 자작나무를 씹어 먹으며 굴을 팔 때 곰팡이를 함께 데리고 다니면서 자기가 사는 곳에

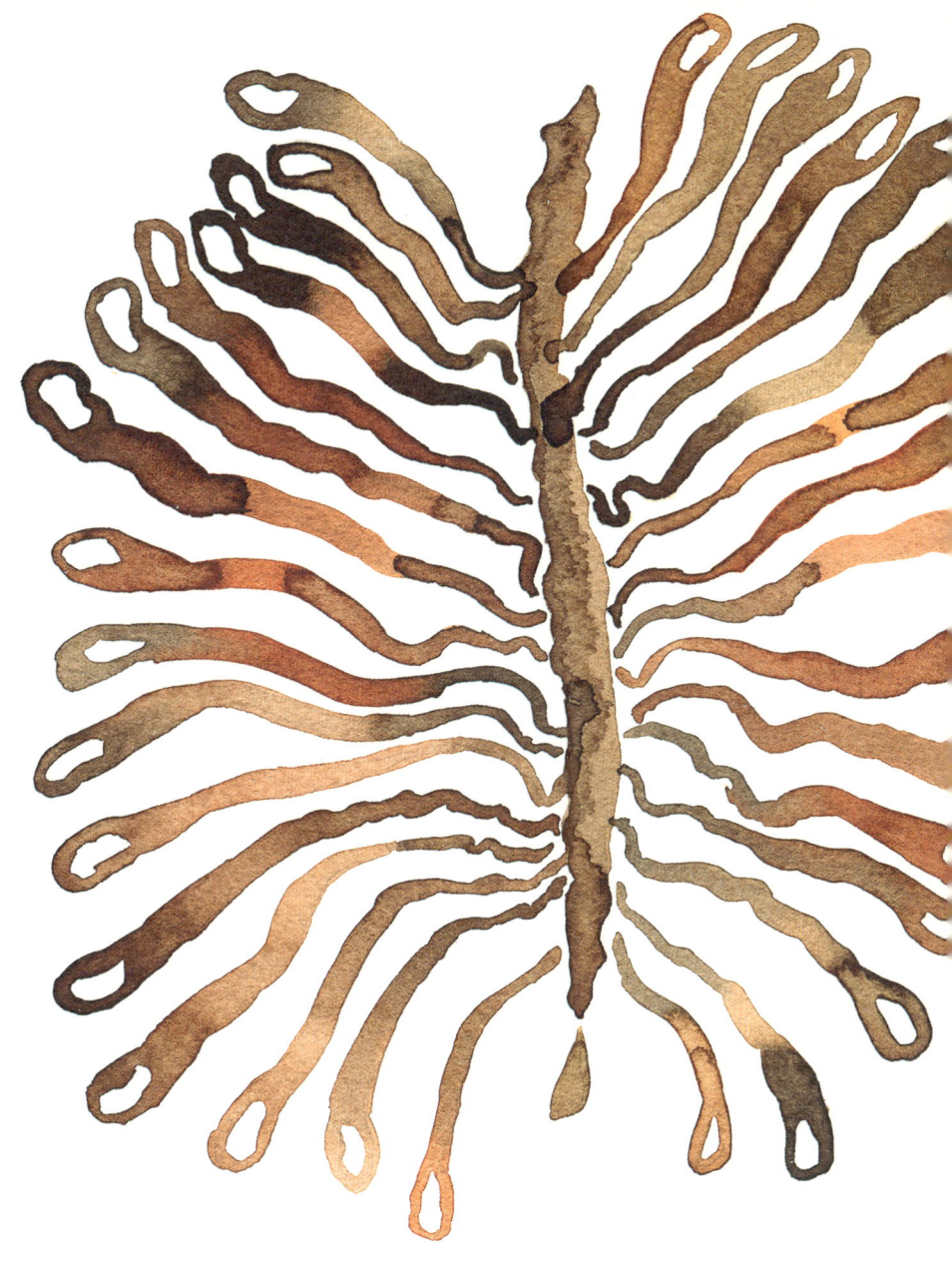

곰팡이를 심어요. 곰팡이는 유충이 좋아하는 맛좋은 음식으로 자란답니다. 나무좀이 굴에서 곰팡이를 키우는 건 쉽게 확인할 수 있어요. 곰팡이를 직접 볼 수는 없지만, 곰팡이가 자라는 굴은 짙은 푸른색으로 바뀌거든요.

침을 뱉는 가라지거품벌레

여름철 풀밭에서 작은 거품 덩어리를 본 적이 있나요? 마치 누군가 침을 뱉어 놓은 것처럼 보이죠. 사람들은 이것을 "뻐꾸기 침" 이라고 불러요. 하지만 뻐꾸기와는 전혀 상관없어요. 이 침은 가라지거품벌레의 약충이 만든 거예요. 약충은 그 안에 꼼짝하지 않고 앉아 주둥이의 긴 대롱으로 식물의 수액을 빨아먹어요. 적과 햇빛으로부터 몸을 숨길 수 있는 아주 기발한 방법이죠.

약충은 엉덩이에서 특별한 액체를 쥐어짠 다음 거기에 공기 방울을 불어 넣어서 이 침을 만들어요. 그럼 이 침은 미세한 거품이 되어 욕조의 비눗방울처럼 거품이 꺼지지 않고 오래가요.

가라지거품벌레 약충이 다 자라면 거품 욕조에서 나와 폴짝폴짝 짝을 찾으러 뛰어가요. 가라지거품벌레가 멀리뛰기를 얼마나 잘하는지 알아요? 제 몸보다 400배나 멀리 뛸 수 있어요. 그건 여러분이 에펠탑보다 높이 점프하는 것과 같답니다. 상상이 가나요?

침이 비처럼 내려요!

아프리카에서는 거품벌레들이 나무에 잔뜩 모여 살아요.
거품을 어찌나 많이 만드는지 나뭇가지에서 비처럼 떨어진답니다.

정원에 사는 곤충들

여름철 정원과 공원, 꽃밭에서는 곤충을 쉽게 찾을 수 있어요. 말벌과 호박벌, 개미, 나비가 모두 여기에서 살죠. 드넓고 따뜻해서 곤충들이 살기 좋거든요. 여기에 먹을 수 있는 꽃까지 잔뜩 피었다면 작은 벌레들의 천국이나 다름없겠죠.

꽃들의 중매인 쏘는 말벌

말벌이라는 제목을 보고 아마 여러분은 노랗고 검은 줄무늬가 있는 날벌레가 생각났을 거예요. 여름철에 나들이 나왔다가 딸기잼 주위를 맴도는 말벌을 보고 쏘일까봐 겁먹은 적이 있을지도 모르고요. 하지만 사람을 쏘는 이 말벌은 우리가 가장 눈여겨봐야 할 벌이에요. 어떤 사람들은 말벌을 성가시게만 생각하지만 이 벌들은 실제로 아주 쓸모가 많거든요.

첫째, 말벌은 호박벌, 벌, 파리, 딱정벌레, 나비, 그리고 그 밖의 수많은 곤충들과 함께 꽃이 씨를 맺게 도와요. 말벌은 식물의 꽃이 만드는 달콤한 꽃꿀을 아주 좋아해요. 그래서 이 꽃 저 꽃 날아다니며 꿀을 실컷 먹어요. 꿀을 찾아 꽃 속으로 기어들어 갈 때 먼지 같은 꽃가루를 뒤집어쓰는데 그걸 여기저기 다니며 다른 꽃에 옮기면 꽃이 씨앗을 만들 수 있어요. 말벌은 호박벌이나 꿀벌만큼 능숙하게 꽃가루를 운반하지는 못하지만 수가 아주 많기 때문에 실제로 하는 일은 아주 많은 셈이에요.

둘째, 말벌은 다른 동물들의 먹이가 돼요. 벌매라는 새는 말벌을 즐겨 먹는데 얼굴에 뻣뻣한 털이 있어서 벌에 잘 쏘이지 않아요. 쏘는 말벌은 꽃가루와 꽃꿀을 먹기도 하지만 대부분 다른 작은 벌레를 잡아먹어요. 그런데 신기하게도 성충 말벌은 이 벌레들을 씹지 못해요. 대신 둥지에 있는 유충에게 가져다 먹이죠. 그러면 유충이 먹이를 잘 씹어 즙을 만든 다음 뱉어서 성충이 마시게 해요. 사람도 말벌 유충이 만든 이 즙을 좋아해요. 어떤 운동선수는 이 즙을 마시면 더 멀리 더 빠르게 달릴 수 있다고 믿는답니다.

말벌 흉내쟁이 꽃등에

곤충은 변장 전문가들이에요. 예쁜 꽃인 척하는 곤충이 있는가 하면 새똥 흉내를 내는 곤충도 있어요. 제 몸에 바람을 불어넣어 뱀처럼 보이게 하는 애벌레도 있고 말라빠진 잔가지처럼 보이는 대벌레도 있답니다.

꽃등에는 전혀 다른 벌레인 것처럼 보이는 재주가 있어요. 노랗고 검은 줄무늬로 위장해 쏘는 말벌을 흉내 내죠. 꽃등에를 말벌로 착각한 적들은 쏘이기 싫어 가까이 가지 않아요.

그러나 알고 보면 말벌과 꽃등에를 구분하기는 쉬워요. 꽃등에는 날면서 헬리콥터처럼 공중에서 한 자리에 멈춰 있을 수 있어요. 하지만 말벌이나 꿀벌은 그렇게 하지 못해요. 게다가 꽃등에는 커다란 눈이 머리 전체를 뒤덮고 있어요. 대신 더듬이는 너무 짧아서 잘 보이지 않죠. 반면에 말벌의 눈은 더 작고 길쭉해서 젤리빈처럼 생겼어요. 그리고 더듬이는 두꺼운 검은 실 같아요.

아마 여러분은 정원에서 꽃등에를 자주 볼 거예요. 꽃 사이를 날아다니며 꽃가루를 능숙하게 옮기죠. 덕분에 식물이 씨앗을 만들어요. 다음에 꽃등에를 보면, 쏘지 않을 거라는 것도 알겠죠?

곤충 관리인 기생 말벌

쏘는 말벌 말고도 말벌의 종류는 엄청 많아요. 사실 말벌 대부분이 쏘지 않을 뿐 아니라 몸집이 너무 작아서 잘 보이지도 않아요. 세상에서 가장 작은 벌레도 말벌이랍니다. 피터 팬 이야기 속 요정 팅커벨의 이름을 딴 팅커벨 말벌은 열대 지방에 사는데 너무 작아서 여러분의 머리카락 끝에 올라앉을 수도 있답니다.

많은 말벌이 기생을 해요. 다시 말해 다른 동물, 특히 다른 곤충에 의지해서 살아간다는 뜻이에요. 말벌이 기생하는 곤충은 대부분 죽어요. 몸 안에서부터 서서히 먹히거든요. 상상만 해도 끔찍하죠. 하지만 기생 말벌은 자연에 중요한 일을 하고 있어요. 곤충의 수가 지나치게 불어나지 않게 조절하는 일이죠. 그리고 인간에게도 유용해요. 식물을 재배하는 온실에 기생성 말벌을 들이면 식물을 먹어 치우는 다른 작은 생물을 없앨 수 있기 때문이죠.

기생 말벌은 다른 곤충의 몸에 알을 낳는 데 필요한 몇 가지 재주가 있어요. 어떤 기생 말벌은 나무줄기를 살금살금 돌아다니며 발소리에 귀를 기울여요. 그렇게 나무껍질 아래에서 맛있게 식사 중인 딱정벌레 유충이 어딨는지 알아내죠. 그럼 어미 말벌은 기다란 관을 나무줄기에 꽂아 넣는데, 불쌍한 작은 유충이 있는 곳을 정확히 맞춘답니다. 그 상태로 유충의 몸 한가운데에 알을 낳아요.

심지어 어떤 기생 말벌은 그 관을 이용해 다른 말벌이 먼저 와서 유충에 알을 낳았는지도 알 수 있어요. 유충 한 마리는 기생 말벌 유충 한 마리가 먹을 양밖에 안 되거든요. 그러니 다른 놈이 이미 차지한 곳에 알을 낳는 것은 어리석은 일이죠. 그래서 말벌은 관 끝의 혀를 이용해 다른 알이 있는지 없는지 미리 맛을 본답니다.

꿀벌과 호박벌

무더운 여름날 오후에 꽃밭에 가면 꿀벌이나 호박벌을 쉽게 찾아볼 수 있어요. 그중에는 크게 무리 지어 사는 벌도 있고, 혼자 지내는 걸 좋아하는 벌들도 있죠.

꿀벌은 무리 지어 사는 것을 좋아해요. 인간은 수천 년이나 벌집에서 꿀을 채취해 왔어요. 그러다 직접 꿀벌에게 집을 지어주면서 훨씬 쉽게 꿀을 손에 넣을 수 있게 되었죠.

호박벌은 꿀벌보다 훨씬 크고 털이 많아요. 털이 부숭부숭한 큰 몸집에 검은색, 하얀색, 주황색 줄무늬가 있죠. 안으면 포근한 인형이 생각나는 모습이랍니다. 호박벌도 꿀벌처럼 함께 모여 있을 때 가장 행복해요. 하지만 매년 가을이 되면 함께 살았던 호박벌들이 한 마리만 남고 모두 죽어요. 여왕 호박벌이 유일하게 살아남아 겨울을 나죠. 이른 봄이 되면 여왕 호박벌이 잠자는 숲속의 공주처럼 겨우내 잠들었던 은신처에서 기어 나와요. 여왕은 배가 몹시 고파요. 여러 달 동안 아무것도 먹지 못했으니 당연하죠. 주위에 버드나무꽃처럼 복슬복슬한 꼬리 모양의 꽃이 달린 나무가 있으면 참 반가울 거예요. 이 꽃들은 영양 만점의 꿀로 가득 차 있거든요. 배고픈 엄마 호박벌에게는 아주 고맙고 맛있는 음식이에요.

여왕은 먹을 것을 많이 모아서는 둥지로 가져가요. 그리고 그 음식에다 첫 번째 알을 낳죠. 여왕은 알에서 깨어난 유충이 따뜻한 곳에서 배불리 먹으며 자랄 수 있게 준비해요. 이 첫 번째 유충이 자라서 호박벌이 되면 여왕을 도와 다른 유충에게 먹일 음식을 구해 와요. 여왕벌 한 마리에서 시작한 것이 한여름이 되면 400마리로 늘어난답니다.

세상에는 혼자 사는 것을 좋아하는 벌들도 많아요. 정원에 곤충 호텔을 지어놓으면 벌들이 이사 올 거예요. 호텔은 나무토막에 구멍을 뚫거나 속이 빈 지푸라기를 이용해서 만들어요. 그럼 벌은 구멍에 유충에게 줄 먹이를 저장하고 그 옆에 알을 낳을 거예요.

온기를 주는 꽃

쌀쌀한 봄날이면 벌들이 버드나무꽃 위에서 휴식을 즐겨요. 그건 꼭 꿀 때문은 아니에요. 버드나무꽃은 주변보다 온도가 몇 도 정도 더 높거든요. 다닥다닥 붙어 꼬리 모양으로 자란 꽃이 햇살을 가두어 온기를 주는 작은 온실이 된답니다.

식물 드라큘라 진딧물

정원에 핀 장미 덤불을 보면 더듬이가 가늘고 엉덩이 끝에는 두 개의 배기관을 가진 연두색 또는 검은색의 작은 곤충이 눈에 들어올 거예요. 바로 진딧물이에요. 대롱을 장미 줄기에 꽂고 수액을 빨아먹죠. 진딧물이 너무 많이 달라붙은 식물은 잘 자라지 못해요. 사람의 몸에 모기떼가 들러붙어 떨어지지 않고 피를 빨아먹는 것과 같으니까요.

 그래서 정원을 가꾸는 사람들은 진딧물을 별로 좋아하지 않아요. 게다가 진딧물은 엄청난 속도로 불어나요. 그 이유는 진딧물 암컷이 자신을 복제해 수컷이 없어도 새끼를 낳을 수 있기 때문이에요. 그리고 다른 곤충처럼 알을 낳는 대신 다 자란 진딧물을 낳아요. 더군다나 이 새끼 진딧물의 뱃속에는 이미 새끼 진딧물의 새끼 진딧물이 들어 있답니다!

 그렇다면 진딧물 엉덩이의 작은 배기관은 어디에 쓰는 걸까요? 맞아요. "위험해!"라고 외치는 특별한 냄새를 풍기는 데 사용해요. 그럼 그 냄새를 맡은 주변의 다른 진딧물들이 저녁 사냥을 나온 배고픈 무당벌레를 피해 도망칠 수 있답니다.

곤충 동네 설탕 공장장은 개미 공장장

개미는 무당벌레처럼 진딧물을 잡아먹으려고 몰려드는 동물들을 쫓아내 줘요. 왜냐하면 진딧물은 개미의 가축이거든요. 농부가 농장에서 젖소를 키워 우유를 얻는 것처럼 개미는 진딧물을 키워 감로라는 달콤한 물을 얻어요.

진딧물은 왜 감로를 만들까요? 그건 진딧물이 하루종일 식물의 수액을 엄청나게 들이켜기 때문이에요. 이 수액에는 진딧물에게 필요한 양보다 훨씬 많은 설탕이 들어 있지요. 그래서 남는 설탕물을 똥구멍으로 버릴 수밖에 없어요. 그걸 개미가 쫓아다니는 거고요.

우리가 가축을 돌보는 것처럼 개미는 개미들의 젖소인 진딧물을 보살펴요. 거미나 무당벌레, 기생벌을 쫓아내죠. 그리고 식물에서 수액이 제일 잘 나오는 부분으로 진딧물을 옮겨요. 마치 사람들이 젖소를 풀이 무성하게 자란 곳으로 데려가는 것처럼요. 여름 한 철이면 개미 떼 하나가 진딧물에게서 15킬로그램의 설탕을 모은답니다. 어마어마한 양이죠.

암컷이 지배하는 개미 세계

 개미는 베란다 바닥을 바쁘게 가로지르기도 하고 열을 지어 숲길을 지나가기도 해요. 집안에 몰래 들어올 때도 있죠. 특히 바깥에 먹을 게 별로 없는 봄철에 말이에요. 그런데 여러분이 보는 개미들이 대부분 암컷인 것 알고 있었나요?

 그건 개미 왕국의 거의 모든 개미가 암컷이라서 그래요. 개미 여왕도 암컷이죠. 개미 여왕은 1년에 딱 한 차례, 수컷으로 태어날 알을 낳아요. 수컷 개미가 자라면 날개가 달려요. 그리고 새 여왕들과 함께 날아가죠. 그게 우리가 날아다니는 개미라고 부르는 것들이에요. 이제 더운 여름날, 날개 달린 개미를 보면 1년 중에 유일하게 개미 아빠를 볼 수 있는 시간이라는 걸 알겠죠. 개미 아빠는 자기 새끼를 보는 즐거움을 누리지도 못해요. 몇 시간 동안 날아다니면서 여왕과 짝짓기를 하고는 바로 죽으니까요.

 무리 짓고 사는 말벌, 꿀벌, 호박벌이 모두 비슷하게 살아요. 거의 모두 암컷이죠. 그리고 이 암컷들은 자기 새끼를 가져본 적도 없어요. 오로지 여왕을 도와 여왕의 아기를 돌본답니다.

붉은제독나비의 여행

붉은제독나비는 검은색과 주황색 얼룩무늬가 아름다운 나비예요. 이른 가을이면 달콤한 꽃꿀을 찾아서 지는 여름꽃 사이를 날아다니는 모습이 보이죠. 이 나비가 달콤한 즙을 좋아하는 건 당연해요. 힘을 많이 비축해 두어야 하거든요. 곧 아주 먼 길을 떠날 테니까요.

　북유럽에 사는 붉은제독나비는 매년 가을이 되면 멀리 유럽의 남쪽 지중해까지 날아가요. 북쪽의 추운 겨울을 견디지 못하거든요. 그대로 있으면 얼어 죽을 거예요. 그래서 멀고 먼 여행을 떠나는 거랍니다.

　몇 주를 날고 날아 붉은제독나비는 지중해 옆의 따뜻한 나라에 내려앉아요. 하지만 해변이나 수영장에는 관심이 없어요. 차가운 음료나 밀크셰이크를 마시러 온 게 아니니까요. 붉은제독나비가 찾는 것은 쐐기풀이에요. 애벌레들이 가장 좋아하는 먹이죠.

　쐐기풀에 작은 초록색 알을 낳으면 어미 붉은제독나비의 삶은 끝나고 새끼인 유충이 모든 걸 넘겨받아요. 알에서 나온 유충은 어두운 갈색이고 덤불 같은 가시로 온몸이 뒤덮여 있어요. 추운 북쪽에서보다 훨씬 따뜻하게 겨울을 보내며 쐐기풀 잎을 먹고 배를 채우죠. 실컷 먹은 다음에는 제 주위에 껍질을 만들고 그 안에 들어가 완전히 다른 모습이 되어서 나와요.

　껍질이 갈라지고 성충 붉은제독나비가 나오면, 엄마의 고향으로 돌아갈 준비가 다 되었어요. 그리고 북쪽에 도착하면 같은 일이 다시 일어나요. 나비가 알을 낳고 유충이 이번엔 북쪽의 쐐기풀을 먹고

살을 찌워요. 늦은 여름에 꽃이나 바람에 떨어진 과일 위에 앉아 있는
붉은제독나비를 볼 수 있어요. 다시 먼 여행을 떠날 때까지
긴 주둥이로 꿀과 즙을 열심히 빨아먹어요.

들판의 등대지기
북방반딧불이

동물의 세계에서 보통 화려한 외모를 자랑하는 건 수컷이에요. 수사슴의 커다란 뿔을 떠올려 봐요. 정원의 새 모이통을 찾아오는 새들은 또 어떻고요. 색깔이 선명한 것들이 수컷이지요.

　이 규칙에 예외가 되는 곤충이 있어요. 북방반딧불이는 멋들어지게 차려입는 쪽이 암컷이에요. 북방반딧불이 암컷은 꼬리가 화려하게 번쩍거려요. 몸속에서 화학 물질이 반응해 노랗고 초록색의 강렬한 불빛을 만들어요. 하지만 벌레가 불에 타는 건 아니에요. 이 불은 촛불과 달라서 환하게 빛나도 뜨거워지지 않거든요. 반딧불이의 빛은 얼음처럼 차답니다. 그리고 암컷만큼 환하지는 않지만 수컷과 알에서도 빛이 나요.

　그런데 왜 이들은 빛을 낼까요? 수컷들이 자신을 쉽게 찾게 하려는 거예요. 북방반딧불이 암컷은 뒷모습은 화려하지만 날지를 못하거든요. 다 자란 다음에도 여전히 유충과 같은 모습이에요. 그래서 수컷이 찾아오기만을 기다려야 해요. 그렇다면 몸이 작은 등대가 되어 수컷에게 길을 보여 주고 자기가 멋진 여성이라는 신호를 보낼 수 있으면 좋겠죠. 반딧불이 세계에서는 가장 밝은 불을 밝히는 암컷이 가장 많은 새끼를 낳을 수 있다는 뜻이거든요.

배고픈 북방반딧불이 유충

북방반딧불이 성충은 입이 없어서 먹지 못해요. 하지만 유충은 달팽이를 아주 좋아하죠. 달팽이 몸속에 소화액을 주입하면 달팽이가 액체로 변해요. 그러면 맛 좋은 달팽이 스무디를 죽 들이마신답니다!

집에 사는 벌레들

집 안에 들어온 벌레를 내보내는 방법

집안에 벌레가 들어왔어요! 어떡하죠? 벌레를 쉽게 내보내는 방법을 알려줄게요. 벌레 위에 유리병을 거꾸로 덮고 병 밑으로 종이 한 장을 천천히 밀어 넣어요. 그런 다음 종이를 뚜껑 삼아 병을 살살 세워요. 그리고 병을 들고 밖으로 나가 놓아주면 되지요. 쉽죠?

대부분 곤충은 자연에서 가장 행복하게 지내지만,
사람과 같이 사는 걸 좋아하는 곤충들도 있어요.
귀찮긴 하지만, 해를 끼치는 녀석들은 아니랍니다.

우주에 간 초파리

누구나 집에서 초파리를 흔히 보죠. 어디서 나타났는지 부엌에 잘 익은 과일 주위를 소리 없이 돌아다니는 작고 졸린 듯한 날벌레 말이에요. 집 안에 초파리 떼가 있으면 좀 귀찮아요. 하지만 초파리는 사람에게 정말 중요한 곤충이에요. 인간에 대해 아주 많은 것을 가르쳐 주었거든요.

초파리는 과학자들이 실험용으로 연구하기 좋은 장점이 아주 많아요. 크기가 작을 뿐 아니라 새끼를 빨리 많이 낳거든요. 그리고 초파리 부모가 자식에게 물려주는 유전적 특징이 잘 알려졌어요. 그 지식을 이용해 인간의 몸속에서 일어나는 일들을 알아낼 수 있었지요. 초파리 연구로 노벨상을 탄 과학자들이 많답니다.

혹시 우주에 맨 처음 발을 디딘 동물, '라이카'라는 개를 알아요? 하지만 그건 사실이 아니에요. 지구 밖을 떠난 최초의 동물은 초파리랍니다. 1947년에 미국 사람들은 초파리를 실은 로켓을 쏘아 올렸어요. 초파리가 우주 방사선을 견딜 수 있을지 시험하고 싶었죠. 초파리들은 낙하산을 타고 지구에 안전하고 건강하게 돌아왔어요. 정확히 말하면 낙하산이 달린 캡슐을 타고 내려온 거지만요. 사실 초파리는 달 궤도로 보내진 최초의 동물이기도 해요.

스파이더맨 파리

파리는 어떻게 떨어지지 않고 벽에 붙어 있을까 하고 궁금한 적 있었죠? 그냥 앉아 있기만 하게요? 스파이더맨처럼 벽을 타고 올라가기도 하고 천장에 거꾸로 매달려 태연하게 기어 다니죠.

그건 파리의 발이 아주 특별하기 때문이에요. 발끝에 끈적한 털로 뒤덮인 두 개의 발톱과 발판이 있거든요. 파리는 끈적한 털로 발을 벽에 단단히 고정해요. 발을 움직이고 싶으면 발톱을 사용해 끈적한 발판을 들어 올리죠. 벽을 기어오를 때는 되도록 힘을 적게 들이려고 세 개의 발만 표면에 붙이고 있어요. 그러다 천장에서는 더 잘 붙어 있기 위해 네 개의 발을 모두 써서 단단히 고정해요.

이 영리한 발은 천장에 내려앉을 때도 유용해요. 파리가 천장에 착륙하는 모습은 서커스 같아요. 천장을 향해 돌진하다가 부딪히기 직전에 머리 위로 앞발을 뻗어 천장을 붙잡은 다음 공중제비하듯 천천히 몸을 돌리거든요. 그럼 성공! 그렇게 거꾸로 앉는 거죠.

평소에 파리채를 휘둘러 파리를 잡기가 쉽지 않았죠? 파리는 눈이 아주 커서 사방을 다 볼 수 있고 사람의 손이 닿기 한참 전에 이미 상대의 움직임을 포착하고는 쌩 하고 날아가 버리거든요. 게다가 몸에 난 작은 털로 아주 작은 공기의 움직임도 쉽게 감지한답니다. 그래서 파리채에 그렇게 구멍이 많은 거예요. 구멍으로 공기가 빠져나가기 때문에 파리를 방심하게 할 수 있거든요.

이마의 풍선

파리 번데기가 딱딱한 고치에서 나올 무렵이면 이마에 피를 주입해 풍선처럼 부풀려요. 풍선이 커지면서 껍질이 갈라지고 성충이 된 파리가 나오는 거죠. 이때 피는 풍선 밖으로 나와 사라진답니다.

진딧물 사냥꾼
아기 풀잠자리

창문 안쪽에서 아주 연약해 보이는 초록색 곤충을 본 적이 있을지도 모르겠네요. 날개가 꼭 모기장 그물 같죠. 자세히 들여다보면 눈이 황금색이에요. 바로 풀잠자리랍니다.

풀잠자리 성충은 겨울을 사람의 집에서 보내는 걸 좋아해요. 갈라진 틈바구니를 기어다니거나 불을 향해 날아드는 습성이 있어서 가로등 주위에서도 볼 수 있어요. 하지만 원래 풀잠자리는 정원에서 가장 행복하게 살아요. 풀잠자리 유충은 욕심 많은 포식자라 진딧물을 떼로 잡아먹곤 하죠.

풀잠자리 유충을 잘 관찰하면 머리 앞쪽으로 튀어나온 커다란 턱이 보일 거예요. 공포 영화에나 나오는 괴물 같죠. 유충은 턱으로 진딧물을 우적우적 씹은 다음, 특별한 액체를 주입해 진딧물 내장을 액체로 변하게 하고 모조리 빨아먹어요. 이렇게 하는 데 1분도 안 걸린답니다! 진딧물들이 풀잠자리 유충을 곤충들의 사자라고 부르는 것도 다 이유가 있다니까요.

풀잠자리 암컷은 알을 낳은 다음, 길고 빳빳한 실에 단단히 묶어 붙여놔요. 끝에 하얀 머리가 달린 작은 핀 같죠. 이렇게 하면 배고픈 개미도 알을 쉽게 뺏어갈 수 없어요. 이 실은 머리카락보다도 훨씬 가늘지만 아주아주 튼튼하거든요.

위험한 방귀

남쪽 어느 더운 나라에서는 방귀로 다른 동물을 죽이는 풀잠자리 친척이 있어요. 유충의 방귀에 유독한 가스가 들어 있어서 훨씬 큰 동물들도 몸이 마비되고 꼼짝 못하거든요. 그러면 잡아먹기 쉽지요.

곰팡이 미식가
양좀

화장실에 불을 켜자마자 욕조 아래로 부리나케 숨는 은빛의 작은 생물을 본 적이 있나요? 그렇다면 여러분은 양좀을 본 거예요. 양좀은 날개가 없고 단순하게 생긴 곤충이에요. 몸은 길죽하고 뒤쪽에 세 개의 실꼬리가 있어요. 양좀은 변화를 그다지 좋아하지 않아서 수억 년 동안 모습이 거의 변하지 않았답니다. 과학자들은 양좀이 지구에 맨 처음 나타난 곤충의 모습과 닮았을 거라고 생각해요.

양좀은 곰팡이를 즐겨 먹어요. 그런데 집안에 굶주린 양좀을 위한 곰팡이 먹이가 늘 흔한 건 아니죠. 그래서 양좀은 뱃속에 작고 귀여운 세균을 데리고 다니면서 벽지나 화장지처럼 사람이라면 절대 먹지 않는 것들로부터 영양분을 뽑아내어 먹는답니다.

양좀은 물거나 쏘거나 병을 옮기지 않아요. 하지만 양좀과 그 친척들은 종이를 먹기 때문에 도서관에 출몰한다면 별로 반갑지 않겠죠. 집안에서도 너무 많이 나오면 별로 좋지 않답니다.

길잡이 바퀴벌레

많은 사람들이 바퀴벌레를 더럽거나 징그럽다고 생각하고 부엌에 나타나는 걸 반기지 않지만, 사실 바퀴벌레는 사람들에게 놀라운 아이디어를 준답니다. 바퀴벌레의 움직임을 따라 로봇을 만드는 것처럼요. 바퀴벌레는 길 찾기 선수예요. 어떤 미로에 갖다놔도 나갈 길을 찾아내죠. 몸을 비집고 들어가야 하는 비좁은 틈바구니에서부터 아주아주 높은 벽까지 어떤 장애물도 문제없어요. 장애물을 쉽게 넘을 뿐 아니라 그러면서도 속도를 조금도 늦추지 않아요. 바퀴벌레는 곤충 세계에서 가장 빠른 단거리 주자랍니다. 1초에 자기 몸길이의 50배나 되는 거리를 달릴 수 있어요. 만약 사람이 바퀴벌레만큼 빨리 달릴 수 있다면 세계에서 가장 빠른 자동차도 앞지를 거예요.

 어디든 들어가는 바퀴벌레의 능력은 종이처럼 몸을 접는 데 비밀이 있어요. 몸이 꾸겨졌다가도 다시 원래 모양으로 펴지죠. 바퀴벌레는 비좁은 공간에서 잘 돌아다니기 때문에 바퀴벌레를 이용해 무너진 건물 안에 갇힌 사람들을 찾아낼 수 있을지도 몰라요. 실제로 과학자들은 바퀴벌레를 원격으로 조종하는 방법을 개발하고 있어요. 바퀴벌레 등에 아주 작은 무전기가 달린 배낭을 얹은 다음 무전기로 신호를 주고받으며 멀리서 바퀴벌레를 조종하는 방법이지요. 심지어 배낭 안에는 마이크가 들어 있어서 도움을 청하는 사람들의 소리를 포착할 수 있어요. 이렇게 건물 밖의 구조팀이 구조가 필요한 사람들의 위치를 찾을 수 있어요. 과학자들은 비좁은 장소로 들어갈 수 있는 작은 로봇 바퀴벌레까지 만들고 있답니다.

수백만 년 째 같은 몸이라니

바퀴벌레는 공룡이 등장하기 전에 지구에 나타났는데 그때나 지금이나 변함없는 모습이에요.

새끼를 돌보는 집게벌레

집게벌레는 긴 갈색 곤충이에요. 펜치 또는 집게처럼 생긴 도구가 꼬리에 달려서 집게벌레라는 이름이 붙었죠. 집게벌레가 자신을 방어하기 위해 집게를 사용하긴 하지만 그렇다고 이 벌레를 무서워할 필요는 없어요. 물린다고 해도 전혀 아프지 않거든요. 게다가 집게벌레는 우리가 먼저 건드릴 때만 물어요.

집게벌레의 암컷과 수컷을 구분하는 쉬운 방법을 알려줄 테니 친구들에게 자랑해 봐요. 집게벌레의 수컷은 엄지와 검지손가락을 구부려 끝을 마주 댔을 때의 모양처럼 휘어진 집게를 갖고 있어요. 하지만 암컷의 집게는 검지와 가운뎃손가락을 가위 모양으로 쭉 편 것처럼 생겼죠. 그리고 암컷의 집게 끝에는 구부러진 작은 갈고리가 있답니다.

집게벌레는 어미가 알을 낳은 다음에도 계속해서 옆에 머무르며 보살피는 몇 안 되는 곤충이에요. 알을 깨끗이 닦고 청소해 주죠. 알에서 새끼가 나오면 시든 나뭇잎이나 작은 벌레들을 먹여요.

집게벌레를 찾고 싶으면 우편함을 확인해 보면 돼요. 우편함 바닥의 작은 구멍으로 기어들어가 그 안에 모여 있죠. 그렇게 비와 포식자의 눈을 피해요. 만약 우편함에 없다면 땅바닥의 썩은 나뭇잎 아래를 찾아보면 된답니다.

건축가 집가게거미

많은 거미가 거미집을 지어요. 아주 아름답고 규칙적인 모양으로 거미집을 짓는 거미도 있어요. 하지만 집에 사는 거미들은 보통 천장 한구석에 지저분하게 함정 같은 집을 짓죠. 거미집 위에 실을 길게 늘여놓으면 작은 날벌레가 날아다니다 걸려서 함정에 떨어져요. 그럼 거미가 순식간에 출동해 먹잇감을 덮쳐요. 그런 다음 속이 빈 턱으로 먹잇감에 독을 주입해요. 이 거미들은 번개처럼 빨라서 1초에 50센티미터나 뛸 수 있답니다.

   집가게거미는 크기도 커요. 몸 크기는 1~2센티미터 밖에 안 되지만 긴 다리를 한껏 뻗으면 암컷은 여러분 손 크기만 하죠. 집안에 거미가 있으면 다른 벌레를 잡아먹기 때문에 좋은 점도 있어요. 거미가 나타나는 것을 행운의 징조로 보는 나라도 많답니다.

곤충과 달리 거미는 날개가 없어요. 하지만 기발한 방식으로 날 수 있죠. 작은 거미가 지푸라기 끝에 기어올라가 엉덩이를 하늘을 향해 들어 올리고 기다란 거미줄을 풀어요. 길게 늘어진 실을 바람이 움켜잡고 멀리 불어내면서 거미도 함께 데리고 가지요.

마술사의 모자를 쓴 거미

미국 인디애나주에 사는 한 거미는 소설 해리포터 책에서 이름을 얻었어요. 호그와트 마법 학교에서 신입생을 배정할 기숙사를 결정할 때 사용하는 마법의 모자를 꼭 닮았기 때문이죠. 이 거미의 이름은 에리오비시아 그리핀도리랍니다.

세계의 곤충

세상에는 이 책에 나온 것보다 훨씬 신기한 곤충들이 셀 수도 없이 많아요. 그리고 곤충을 찾아다니고 연구하는 사람들도 많지요. 여러분이 자라서 곤충학자가 되면 틀림없이 희한하고 진기한 곤충들을 많이 발견하게 될 거예요.

독 대포를 쏘는 딱정벌레

어떤 딱정벌레들은 아주 성격이 거칠어요. 엉덩이에 수제 폭탄을 달고 다닐 정도니까요. 펑 소리와 함께 아주 뜨거운 독가스를 내뿜죠. 폭탄먼지벌레가 그렇답니다.

  폭탄먼지벌레는 몸에 두 종류의 폭발 물질이 들어 있어요. 하지만 세 번째 물질을 섞지 않는 한 폭발하지 않죠. 그래서 폭탄먼지벌레는 이 물질을 각각 벽이 두껍고 문이 밖에 달린 다른 방에 보관해요.

만약 배고픈 적이 가까이 다가오면, 폭탄먼지벌레는 방 사이의 가로막을 풀어요. 폭탄 물질이 모두 섞이자마자 이내 끓기 시작하면서 유독하고 뜨거운 증기가 엉덩이에서 폭발하듯 나와요. 폭탄먼지벌레는 증기 대포를 연속으로 여러 번 쏘아요. 여러분이 물총의 방아쇠를 계속해서 잡아당기는 것처럼요. 심지어 이 벌레는 적을 향해 조준도 해요. 이 대포의 뜨거운 열과 강한 독은 작은 곤충을 죽일 만큼 강력하고 더 큰 동물도 얼마든지 쫓아 보낼 수 있답니다.

좀비 딱정벌레

좀비가 무서운 사람 손들어 보세요. 공포 영화에 나오는 살아 움직이는 시체 말이에요. 그렇다면 이번 이야기는 그냥 넘기는 게 좋겠어요. 지금부터 곤충 세계의 좀비 이야기를 하려던 참이니까요.

여러분은 지금 미국의 아름다운 야생화 초원에 있어요. 꽃마다 양쪽으로 큰 딱정벌레들이 날개를 펼치고 앉아 있어요. 그런데 다시 보니 이 벌레들은 모두 죽었네요. 특별한 곰팡이에 감염되어 좀비가 되었거든요.

이 곰팡이는 딱정벌레 몸속에서 자라면서 특별한 화학물질로 딱정벌레를 요상하게 행동하게 만들죠. 곰팡이에 감염된 딱정벌레는 꽃 위에 올라가 턱으로 꽃을 세게 문 채로 죽어요. 그렇게 딱정벌레 사체가 꽃에 대롱대롱 매달려 있죠. 그리고 밤이 와요. 밤사이에 곰팡이가 딱정벌레의 몸속에서 막 자라요. 그런데 신기하게도, 갑자기 죽은 딱정벌레가 날개를 열어요. 이제 날개가 양쪽으로 펼쳐져 있어서 곰팡이들이 딱정벌레 몸에서 쉽게 빠져나올 수 있어요. 이 작은 곰팡이 씨앗들이 죽은 딱정벌레 몸 밖으로 퍼져 나가요. 그리고 다음 날 풀밭에 꽃을 먹으러 온 새로운 딱정벌레들의 몸 위에 착륙하죠.

곤충이 다른 곤충을 좀비로 만드는 경우도 있어요. 북아메리카에는 살아 있는 무당벌레의 몸에 알을 낳는 작은 말벌이 있어요. 알에서 깨어난 말벌의 유충은 몸 안에서부터 무당벌레를 파먹기 시작해요. 근데 참 이상하죠. 그런데도 무당벌레는 평소와 다름없이 돌아다니거든요. 하지만 유충이 배를 채우고 무당벌레 몸 밖으로 나올 무렵이 되면 무당벌레에게 이상한 일이 생겨요. 갑자기 얼어붙은 듯 꼼짝도 하지 않고 가만히 있거든요. 죽은 것처럼요.
  말벌 유충은 좀비 무당벌레의 몸을 지붕으로 삼고 다리 사이에 실로 작은 집을 지어요. 그리고 그 안에서 성충으로 몸이 바뀌죠. 그동안 말벌은 무당벌레를 조종해 자기를 지키게 해요. 적들이 다가올 때마다 무당벌레가 몸을 홱 움직여 겁을 주고 쫓아내요. 덕분에 말벌은 안심하고 성충으로 변하죠. 번데기에서 나온 말벌이 날아가 버리면 그제야 무당벌레는 진짜로 죽어요. 하지만 어떨 때는 좀비 역할에서 벗어나 멀쩡히 정상적으로 살아가는 예도 있답니다.

애벌레 퍼레이드

 유럽의 남쪽으로 가면 애벌레 퍼레이드를 구경할 수 있어요. 애벌레들이 서로 꼬리와 머리를 맞대고 일렬로 긴 열차가 되어 기어가죠. 이 행렬은 몇 미터까지 이어질 때도 있어요.

 이 애벌레들은 행렬모충나방의 유충이에요. 이 애벌레들은 남유럽에서 흔하지만, 기후가 따뜻해지면서 최근 몇 년간 북쪽으로 이동하고 있어요.

 수백 마리의 털북숭이 애벌레들이 봄이면 이렇게 행렬을 이루고 기어가요. 애벌레들은 앞에 선 애벌레의 털을 계속 만지면서 가기 때문에 줄이 끊어지지 않고 이어져요. 애벌레들은 부드러운 흙을 찾아가는 길이에요. 거기에 몸을 묻고 어른 나방으로 변신하죠.

 안타깝지만 이 털은 인간과 인간의 반려동물들에게 해로워요. 특히 남유럽의 가을과 온화한 겨울에는 더 위험하죠. 애벌레들은 몸에서 실을 뽑아 나무를 뒤덮고 유치원을 만든 다음 모두 모여 살아요. 저녁과 밤이면 전나무나 참나무 잎을 찾아 짧은 줄을 이루고 돌아다니죠. 이때 애벌레 털이 빠지면서 바람에 날리는데 그러다가 사람의 피부에 닿으면 톡 쏘고 가려워요. 마치 쐐기풀에 찔린 느낌이에요. 하지만 쓰라린 느낌이 2분이 아니라 2주 동안이나 계속되죠. 잘못해서 개나 고양이가 애벌레를 냄새 맡거나 핥기라도 했다가는 진짜 큰일 난답니다.

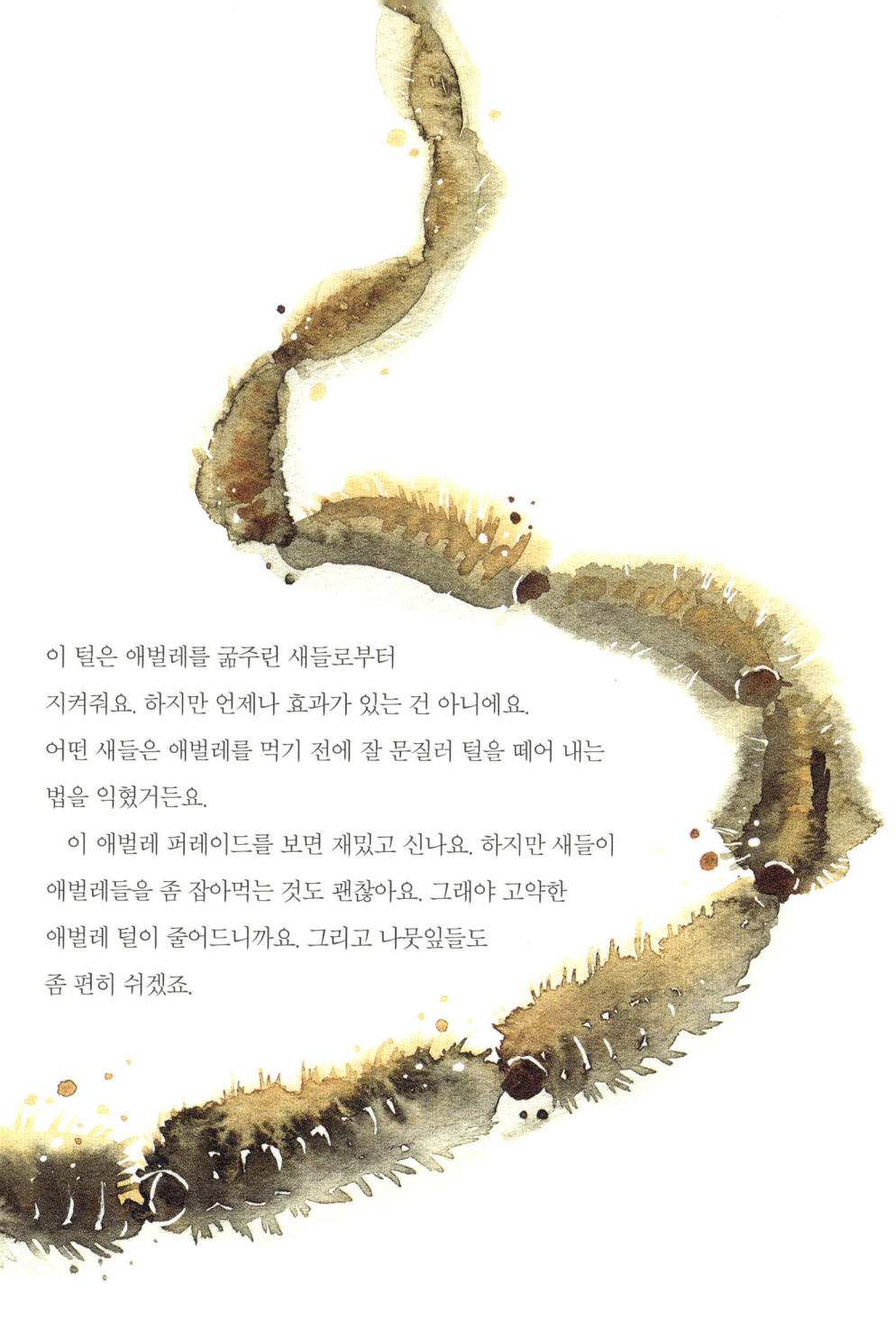

이 털은 애벌레를 굶주린 새들로부터
지켜줘요. 하지만 언제나 효과가 있는 건 아니에요.
어떤 새들은 애벌레를 먹기 전에 잘 문질러 털을 떼어 내는
법을 익혔거든요.

   이 애벌레 퍼레이드를 보면 재밌고 신나요. 하지만 새들이
애벌레들을 좀 잡아먹는 것도 괜찮아요. 그래야 고약한
애벌레 털이 줄어드니까요. 그리고 나뭇잎들도
좀 편히 쉬겠죠.

불을 밝히는 반딧불이

앞에서 북방반딧불이에 대해 이야기를 했었지요? 북방반딧불이 말고도 몸에 불을 밝히는 곤충들은 더 있답니다.

아시아에 사는 반딧불이들은 시간을 맞춰 함께 불을 밝혀요. 그러다 누군가 훼방을 놓으면 잠시 불빛이 어수선해지지만 금세 리듬을 되찾죠. 수백 마리의 반딧불이가 마치 스위치의 등을 켰다 껐다 하듯이 깜빡거린답니다.

북아메리카에서는 암컷만 불을 밝혀요. 그리고 종마다 자기만의 불빛 신호가 있어서 순서에 맞춰 길고 짧게 깜빡거리죠. 어떤 곤충은 이 신호를 배워서 사냥에 써먹기도 해요. 다른 종의 신호를 배운 암컷이 짝짓기를 기대하고 찾아온 수컷을 잡아먹는답니다.

반딧불이 말고도 빛을 내는 곤충이 있어요. 뉴질랜드의 어느 동굴은 천장 전체가 오싹한 푸른 빛을 내는 곰팡이각다귀 유충으로 뒤덮였어요.

반딧불이 램프

옛날에는 사람들이 병에 반딧불이를 모아 등불로 사용했대요.

머리에 문이 달린 개미,
몸에 꿀단지를 달고 있는 개미

개미는 인간과 비슷한 점이 많아요. 인간처럼 수가 많고 눈이 내리는 곳을 빼면 세계 어디에서나 살고 또 거대한 사회를 이루죠. 그리고 개미들은 일을 나누어 각자 맡은 일을 해요. 냄새와 소리 신호로 서로 이야기를 나누고 아이들을 돌보죠. 다른 개미 무리와 전쟁을 하기도 하고 노예와 포로를 잡아 오기도 해요.

　개미의 세계에서는 온갖 희한한 것들을 찾아볼 수 있어요. 예를 들어 우리들은 거북개미로 태어나지 않은 것을 감사하게 생각해야 해요. 그렇지 않으면 머리에 문이 달렸을 테니까요. 거북개미는 나무좀이 오래 전에 갉아 놓은 굴에 살아요. 이 복잡한 굴에는 입구가 여러 개인데 그중에 어떤 입구는 항상 닫혀 있어야 해요. 그건 어떤 거북개미는 커다랗고 이상하게 생긴 머리로 입구를 막은 채 꼼짝 않고 있어야 한다는 뜻이에요.

　그렇다면 꿀단지개미가 되는 건 어떨까요? 이 개미들 중에 몇

마리는 살아 있는 꿀단지로 변해요. 특별한 방에 거꾸로 매달려 있으면 다른 개미들이 와서 감로를 먹이죠. 아주 많이요. 너무 많이 먹어서 마치 물을 채운 풍선처럼 배가 계속 늘어나요. 배가 포도알만큼 커지면 개미는 제대로 걷지도 못해 그저 매달려 기다리는 수밖에 없어요.

이 살아 있는 꿀단지는 바깥에 먹을 것이 많지 않은 시기에 유용해요. 그제서야 꿀단지개미는 다른 개미들을 위해 감로를 뱉어내죠. 꿀단지 한 마리가 2주 동안 100마리의 개미를 충분히 먹이고도 남는답니다.

남자다움을 시험하는 개미

침에 쏘였을 때 세계에서 가장 큰 고통을 주는 개미가 있어요. 브라질 열대우림의 어떤 부족에서는 새로 전사가 된 사람이 이 개미에게 계속 쏘여 자신이 강인하다는 것을 증명한답니다.

나가며
세상에 나쁜 곤충은 없어요

정글에 사는 깔따구는 모기와 비슷하지만 사람의 피를 빨지 않아요. 오히려 우리들을 행복하게 하는 일을 하죠. 카카오나무 사이를 돌아다니며 꽃가루를 운반하거든요. 카카오는 초콜릿을 만드는 재료예요. 이 작은 초콜릿깔따구가 없다면 우리는 초콜릿을 먹지 못할 거예요. 그러니까 모기나 깔따구의 앵앵거리는 소리가 거슬리더라도 기분 좋게 참아 보는 게 어떨까요?

곤충은 사람에게 초콜릿 말고도 유용한 것들을 많이 준답니다. 꿀벌은 우리에게 꿀을 주죠. 하지만 밀랍도 줘요. 밀랍은 양초를 만들거나 사과를 윤기 나게 만드는 데 쓰여요. 중국에서는 수십억 마리의 누에가 자아낸 비단실로 아름다운 드레스나 낙하산을 만들어요. 사탕의 붉은색을 내는 염료는 더운 나라의 선인장에 사는 작은 곤충에게서 온 거예요.

게다가 곤충은 야생화는 물론이고 사람이 먹는 작물이 씨를 맺는 걸 도와요. 아까 말한 초콜릿처럼요. 그리고 딸기, 사과, 블루베리, 산딸기 등 많은 과일과 열매가 곤충을 필요로 한답니다.

또 곤충은 우리가 쉽게 보거나 미처 생각하지 못한 많은 일들을 해요. 자연, 그리고 인간이 사는 곳을 청소하는 일처럼요. 곤충은 곰팡이와 세균과 함께 죽은 생물을 흙으로 돌려보내는 일을 해요. 그것이 숲바람꽃이든 가문비나무든 생쥐든 말코손바닥사슴이든 말이지요. 그래야만 새로운 식물이 뿌리를 내리고 양분을 얻을 토양이 만들어지거든요.

도시에도 이 작은 관리인들이 필요해요. 땅에 떨어진 음식물 쓰레기를 먹어 치우거든요. 과학자들은 미국의 뉴욕 중심가에서 개미들이 1년에 6만 개나 되는 핫도그를 해치운다고 계산했어요.

곤충은 다른 큰 동물들의 먹이로도 아주 중요해요. 물고기, 개구리, 박쥐가 곤충을 좋아하죠. 새들도 배를 채우기 위해 곤충을 찾아다녀요. 그러려면 벌레가 정말 많이 있어야 해요. 지구의 모든 새들이 한 해에 먹는 곤충을 모두 시소의 한쪽에 쌓아 놓는다고 한번 상상해 보세요. 균형이 맞춰지려면 반대편에는 지구의 인구 전체를 올려놔야만 할 거예요. 다시 말해, 새들에게 아침과 저녁을 먹이려면 아주아주 많은 곤충이 필요하다는 뜻이랍니다.

세상에는 곤충을 먹는 사람들도 많아요. 어떻게 벌레를 먹느냐고 하는 사람들도 있지만 그건 사실 습관의 문제예요. 실제로 메뚜기

가루는 몸에 좋아요. 메뚜기 가루로 우리에게 익숙한 음식을 만든다면 크게 다르다고 느끼지 않을 거예요.

   많은 사람들이 곤충에 대해서 잘 알지 못해요. 하지만 곤충은 아주 재밌고 또 유용하기 때문에 사람들은 곤충에 대해 더 배우고 알아야 해요. 더구나 세계의 과학자들은 곤충이 점점 줄어든다고 염려해요. 초콜릿과 딸기를 만들고 자연과 도시를 청소하고 새와 물고기의 배를 부르게 할 곤충이 사라진다는 뜻이니까요. 그래서 우리는 곤충에 관심을 가져야 하고 곤충이 안녕한지 신경 써야 해요.

이제 여러분은 이 책을 읽었으니 다른 사람들보다 곤충에 대해 더 잘 알게 되었어요. 하지만 저는 여러분이 더 많이 배웠으면 좋겠어요. 곤충에 관한 다른 책을 읽거나 웹사이트에서 찾아볼 수 있겠죠.

   무엇보다 여러분이 직접 곤충을 찾아보고 관찰하면서 배우면 좋을 것 같아요. 멀리 나갈 필요도 없답니다. 주위를 잘 돌아보면 어디에서나 다리 여섯 개짜리 친구들을 찾을 수 있을 테니까요. 당장 집 안의 창턱이나 집 밖의 가로등 밑을 확인해봐요. 숲에 가면 돌을 들춰보고 죽은 나무의 껍질을 떼어내 봐요. 곤충을 발견하면 뚜껑에 공기 구멍을 몇 개 뚫어놓은 투명한 상자나 빈 유리병에 살살 집어넣고 찬찬히 관찰한 다음 풀어 줘요.

   연못이나 개울에서 곤충을 채집하려면 어른의 도움을 받아야 할 수도 있어요. 부엌에 있는 체를 사용하면 좋지만 엄마가 허락하지 않으면 손잡이가 달린 플라스틱 통에 구멍을 몇 개 뚫어서 사용하면 돼요. 그걸로 연못 바닥을 살살 긁어서 퍼 올린 다음 흰 상자에 붓고 진흙이 가라앉을 때까지 기다려요. 그러면 그 안에서 물에 사는 작은 곤충이 움직이는 걸 쉽게 볼 수 있을 거예요. 어쩌면 이 책에 나오는 곤충들을 찾을지도 모르겠군요. 행운을 빌게요.

부록
우리 주변에서 흔히 볼 수 곤충들

세상에는 정말 다양한 곤충들이 살고 있어요. 우리는 종류가 다른 곤충을 '종'이라고 불러요. 칠성무당벌레는 종의 한 예예요. 생물의 종은 가까운 친척들끼리 모아 여러 종류로 나눌 수 있어요. 지금부터 우리 주위에서 흔히 볼 수 있는 곤충들에 대해 설명할게요.

아이와 어른의 모습이 완전히 다른 곤충

이 곤충들은 어른의 모습과는 전혀 다르게 생긴 유충으로 시작해요. 유충은 몸 주위에 껍데기를 만들고 번데기가 되죠. 그리고 그 안에서 어른의 몸으로 완전히 새로 만들어져요. 변신이 완료되면 고치가 갈라져 열리고 성충이 나와요. 곤충 대부분이 이런 식으로 살아요.

딱정벌레

딱정벌레는 딱딱하고 불투명한 앞날개 두 개가 있어요. 가만히 앉아 있을 때는 이 날개가 등을 껍데기처럼 덮고 있어서 날개처럼 보이지 않아요. 무당벌레의 검은 반점이 있는 붉은 부분이 바로 이 날개예요. 이 딱딱한 날개 아래에 다른 얇은 날개가 가지런히 접혀 있어요. 딱정벌레는 물에서도 육지에서도 살아요. 금풍뎅이(58쪽)를 비롯해 숲속을 청소하는 곤충들(60쪽)이 딱정벌레류죠.

벌

개미(56, 78, 80, 116쪽), 꿀벌, 호박벌(74쪽), 그리고 쏘는 말벌(68쪽)처럼 우리가 잘 아는 곤충들이 모두 이 무리에 속해요. 이 곤충들 중에는 크게 사회를 이루고 함께 사는 종들이 많아요. 하지만 이 무리에는 크기가 너무 작아 쉽게 보지 못하는 수천 종의 다른 종들도 있어요. 많은 종들이 다른 곤충을 몸속에서부터 먹어 치우는 기생체죠. 예로 기생 말벌(72쪽)들처럼요.

나비와 나방

나비와 나방의 날개는 지붕의 기와처럼 생긴 미세한 비늘로 덮여 있어요. 나비는 붉은제독나비(82쪽)처럼 화려한 날개를 펄럭이며 낮에 많이 날아다니고, 나방은 집나방(50쪽)처럼 날개 색이 보통 회색이나 갈색이고 주로 밤에 활동한답니다.

날도래

날도래는 유충(30쪽)일 때 물에 살지만 어른이 되면 뭍으로 올라와 살아요. 나방처럼 생겼지만 날개는 비늘 대신에 미세한 털로 덮여 있죠. 쉴 때는 날개가 지붕처럼 몸 위로 기울어져 내려와요. 또한 길고 가는 더듬이가 있어요.

파리와 모기

파리와 모기류는 뒷날개가 없어요. 대신 날개가 있어야 할 자리에 작은 곤봉 같은 장치가 있죠. 마치 둥근 머리가 달린 시침 핀처럼 생겼는데 각다귀에서 쉽게 보여요. 각다귀는 가을에 흔히 보이는 크고 다리가 긴 곤충이에요. 파리(16, 92쪽), 말파리(21쪽), 모기(32쪽), 깔따구(23쪽), 그리고 각다귀가 모두 이 집단에 속한답니다.

123

아이에서 어른으로 조금씩 변하는 곤충

이 곤충들의 새끼는 약충이라고 불러요. 약충은 성충과 비슷하게 생겼지만 제대로 된 날개가 없고 새끼도 만들지 못해요. 약충은 피부를 여러 차례 떨어내요. 마지막 피부를 떨어내면서 성충이 되죠.

양좀
양좀(96쪽)은 단순한 곤충이에요. 날개가 없고 눈이 없는 종도 있어요. 당근처럼 생긴 몸 끝에 실처럼 생긴 긴 꼬리가 있어요. 몸은 작은 비늘로 덮여 있어요.

노린재(매미와 진딧물)
매미와 진딧물은 노린잿과 곤충들이에요. 모두 빨대 역할을 하는 부리 같은 입이 있죠. 이 주둥이로 식물의 수액이나 곤충의 진액을 빨아마셔요. 노린잿과 곤충 중에는 딱정벌레와 닮은 놈들이 있지만, 등에 있는 삼각형 무늬로 구분할 수 있어요(54쪽). 소금쟁이(36쪽)도 노린잿과 곤충이에요. 거품벌레(62쪽) 같은 매미류는 개구리 같은 체형에 폴짝 뛸 수 있어요. 방울솜벌레(52쪽)와 진딧물은 진디류예요.

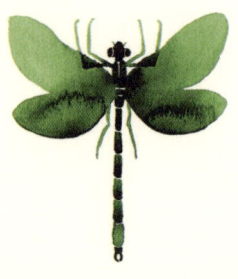

잠자리와 실잠자리
이 커다란 곤충은 쉽게 눈에 띄죠. 몸은 길고 가늘고 날개 네 개가 모두 비슷하게 생겼어요. 머리와 눈이 아주 커요(34쪽). 약충은 물에서 살아요. 잠자리는 크고 힘이 세고 언제나 날개를 양쪽으로 펼치고 있어요. 실잠자리는 더 작고 보통 색이 더 밝아요. 그리고 쉴 때는 기다란 몸 위로 날개를 접어요.

하루살이

하루살이 약충(28쪽)은 물속에 살아요. 하루살이 성충은 날개를 보면 알 수 있어요. 가만히 앉아 있을 때 공중으로 날개를 위로 치켜 세우죠. 앞다리는 크고 삼각형이지만 뒷다리는 작아요. 또 엉덩이에 2~3개의 긴 실이 달렸어요.

여치, 메뚜기, 귀뚜라미

이 곤충들(18쪽)은 강력한 뒷다리가 특징이에요. 다리의 힘으로 높이 점프하죠. 그리고 대부분 덩치가 커요. 이 무리에 속한 곤충들은 노래를 불러요. 날개를 다리나 다른 날개에 비벼서 소리를 내죠.

글 안네 스베르드루프-튀게손

노르웨이에서 태어나 어린 시절을 주말이면 전기도, 수도도, 텔레비전도 없는
숲속 오두막집에서 자연과 가까이 지냈습니다. 오슬로대학교에서
생물학 공부를 시작해 동물학, 보전생물학 박사 학위를 받았습니다.
현재 노르웨이생명과학대학교(NMBU) 보전생물학과 교수이자
노르웨이자연연구소(NINA) 과학 자문으로 활동하며 숲과 생물 다양성, 곤충의
생태 등을 연구하고 있습니다. 특히 작은 생물들이 서로 어떤 영향을 미치며
살아가는지에 관심이 많습니다. 모든 사람이 곤충을 사랑하게 되었으면 좋겠다는
마음으로 니나 마리 앤더슨 작가와 이 아름다운 그림책을 만들었습니다.

그림 니나 마리 앤더슨

노르웨이에서 태어나 아름다운 자연이 가득한 곳에서 동물과
곤충을 사랑하며 자랐습니다. 어릴 때부터 꿈이었던 예술가가 되어
그림책을 만들며 지내고 있습니다.

옮김 조은영

서울대학교 생물학과를 졸업하고, 서울대학교 천연물과학대학원과
미국 조지아대학교 식물학과에서 석사 학위를 받았습니다. 산에서 야생화를,
실험실에서 유전자를 공부했고, 지금은 어려운 책을 쉽게, 쉬운 책은 재미있게
옮기는 일을 합니다. 옮긴 책으로《세상에 나쁜 곤충은 없다》,
《랜들 먼로의 친절한 과학 그림책》,《나무에서 숲을 보다》,
《나무의 세계》등이 있습니다.

감수 최재천

이화여자대학교 에코과학부 석좌교수이자 생명다양성재단 대표로 활동하고
있습니다. 서울대학교에서 동물학을 전공하고 미국 펜실베이니아주립대학교에서
생태학 석사 학위를, 하버드대학교에서 생물학 박사 학위를 받았습니다.
《개미제국의 발견》,《생명이 있는 것은 다 아름답다》,《다윈 지능》등을 썼습니다.

이토록 멋진 곤충

2020년 7월 24일 1쇄 발행
2023년 5월 25일 5쇄 발행

글 안네 스베르드루프-튀게손
그림 니나 마리 앤더슨
옮긴이 조은영
감수 최재천
디자인 권석연
발행인 김인정
펴낸곳 도서출판 단추

www.danchu-press.com
hello@danchu-press.com
출판등록 제2015-000076호
ISBN 979-11-89723-13-2 73490

이 도서의 국립중앙도서관 출판시도서목록(CIP)은 서지정보유통지원시스템 홈페이지
(http://seoji.nl.go.kr)와 국가자료공동목록시스템(http://www.nl.go.kr/kolisnet)에서
이용하실 수 있습니다.(CIP제어번호:CIP2020021053)

Original title: INSEKTENES HEMMELIGHETER(BEETLES, BUGS AND BUTTERFLIES)
Copyright © 2019 by Anne Sverdrup-Thygeson and Nina Marie Andersen(illustrations)
Korean edition is published by arrangement with
Anne Sverdrup-Thygeson, c/o Stilton Literary Agency,
Oslo, through The Danny Hong Agency, Seoul.
Korean translation copyright © 2020 by Danchu Press

이 책의 한국어판 저작권은 대니홍 에이전시를 통한 저작권사와의 독점 계약으로 도서출판 단추에 있습니다.
저작권법에 의해 한국 내에서 보호를 받는 저작물이므로 무단 전재와 복제를 금합니다.

제품명 도서 | 제조자명 도서출판 단추 | 제조년월 2020년 7월
전화 070-8841-7788 | 제조국명 대한민국 | 사용연령 3세 이상
⚠ 모서리가 날카로워 다칠 수 있으니 책을 던지거나 떨어뜨리지 않도록 주의해 주세요.